A NEW WAY TO LEARN ENGLISH FOR ALL JAPANESE PEOPLE

10年間勉強しても
英語が上達しない
日本人のための

新英語学習法

ROGER PULVERS

集英社
インターナショナル

A NEW WAY TO LEARN ENGLISH FOR ALL JAPANESE PEOPLE

10年間勉強しても英語が上達しない 日本人のための
新英語学習法

ロジャー・パルバース

CONTENTS

10年間勉強しても英語が上達しない日本人のための
新英語学習法

はじめに
「言葉」とは、意味と秩序を伴った「音(響き)」である ･････････････････ 8
英語習得の第一歩は、英語特有の「音」を理解すること ･･････････････ 10
英語は、外国人が習得するには最も難しい言語の一つである･･･････ 12
英語の「ペラペラ山」に登るために必要な三つの条件 ･･･････････････ 13

STEP 1 日本人が知らない、英語がたどった複雑な歴史を知る ･････ 18

英語習得に必要な大前提は、まず「英語の歴史」を知ること ･････････ 20
第一の「渡来」──ヨーロッパ大陸からのローマ軍の侵攻と統治 ･････ 21
英語の最も基本的な特徴は、その語源の多様さにある･･････････････ 22
第二の「渡来」──ヨーロッパからのアングロ-サクソン人の大移動･･･ 23
第三の「渡来」──バイキングの最初の襲来･･･････････････････････････ 24
第四の「渡来」──バイキングの度重なる襲来と侵略･･･････････････････ 25
第五の「渡来」──ノルマン-フランス人の襲来 ･･････････････････････ 26
異民族の「渡来」により、イギリスにまったく新しい言語が生まれた････ 27
イギリス古来の「ケルト語」は、「ラテン語」に駆逐された ･････････････ 29
語源の半分はラテン語だが、
それはローマ人の征服が原因ではない ･･････････････････････････････ 30
現代英語の基礎は、アングロ-サクソン人によって作られた ･･･････････ 31
英語はアングロ-サクソン語が基礎で、ラテン語に彩られている ･･･ 32
ノルマン人の侵略で、イギリスの公用語はノルマン-フランス語に ･･･ 33
「ノルマン-フランス語」と「古英語」は、
便利だが複雑な「中英語」を生み出した ･･････････････････････････････ 34
古英語は具体的、ノルマン-フランス語は抽象的な意味を表す ･･････ 35
語彙の半分はラテン語だが、使われるのはアングロ-サクソン語 ･･･ 37
アングロ-サクソン語が語源の語はシンプルだが
日本人には難しい ･･ 38
ラテン語が語源の単語は長くて複雑だが日本人にはわかりやすい 39
英語を料理にたとえると「ラザニア」のようなもの ･････････････････････ 40

STEP 2 英語は「文字」ではなく、「音」と「イメージ」から学ぶ …… 42

言葉の「意味」と「発音」は、常に時代とともに変化していく ……… 44
日本人にとって英語が難しいのは、日本語にはない「母音」が多いため …… 49
接しあう単語の発音同士がくっつく、英語の「連接」という作用 …… 50
「連接」は、重要な「英語のマインドセット」の一つである ……… 51
「オワ・タナ・サイアム」の本当の意味は? ……… 54
英語が厄介なのは単語がつづりどおりに
発音されないことが多いから ……… 57
英単語のスペルの暗記はあと。まずは「音」を聞いて意味を覚える! 59
英語は、「音」と「イメージ」をリンクさせて覚えれば忘れない ……… 60
英語の「擬音語」のニュアンスを理解して
「英語のマインドセット」を身につける ……… 65
英語の「擬態語」のニュアンスから
「英語のマインドセット」を身につける ……… 70
英語は、共通する「音」を持つ単語同士に、
共通する「イメージ」「意味」がある ……… 73
「gl-」の「音」で始まる単語には、「光る」イメージとニュアンスがある …… 75
「cr-」の音で始まる単語に共通する意味とニュアンスとは ……… 76

STEP 3 語彙を飛躍的に増やす、日本人のための「1-3-5メソッド」 …… 82

大英帝国の発展とともに英語の語彙は激増し、
ついに「近代英語」が確立された ……… 84
微妙なニュアンスを表現するときの、
日本語と英語の決定的な違いとは ……… 85
10,000語の単語を覚えても、10歳の子供の英語しか話せない …… 86
英語がうまくならないのは「日本人」だからではなく、
学習法が間違っているから ……… 88

16世紀「イギリス・ルネサンス期」に爆発的に増えた語彙……………… 89
便利な接頭辞や接尾辞などが新しく生まれ、
語彙はさらに増加した ………………………………………………………… 91
19世紀、アメリカに移住した人々が膨大な新英語を作り出した … 94
英語のほとんどの単語には、別の「同義語」がある……………………… 95
語彙を飛躍的に増やす、㊙式「1-3-5 メソッド」………………………… 97
「1-3-5 メソッド」①——相手が言おうとしていることを理解する ……… 98
「1-3-5 メソッド」②——ラテン語語源の単語はコツ次第で増える！…… 101
「1-3-5 メソッド」③——plat の「語根」の音には、「平ら」のニュアンスがある‥ 102
「1-3-5 メソッド」④——接頭辞 re-の音には、「再び」の意味が加わる…… 105
「1-3-5 メソッド」⑤——接頭辞 anti-、pro-の音は、「反」「賛成」の
意味を加える…………………………………………… 107
「1-3-5 メソッド」⑥——接頭辞 inter-の音は、「〜の間」の意味を加える…… 109
「1-3-5 メソッド」⑦——接頭辞 over-の音は、「たくさんの」という
意味を加える…………………………………………… 113
ネイティブスピーカーも、自分で意味を推測して単語を覚えている！…… 115
「1-3-5 メソッド」⑧——接頭辞 out-の音は、「〜を上回る」という意味を加える… 117
「1-3-5 メソッド」⑨——接頭辞 mis-の音は、「間違って〜」という意味を加える… 118
「1-3-5 メソッド」⑩——接頭辞 in-の音は、「否定」の意味を加える……… 121
「1-3-5 メソッド」⑪——品詞を「〜でいっぱいの」の
意味の形容詞に変える接尾辞 -ous…………… 124
「1-3-5 メソッド」⑫——形容詞を副詞に変える接尾辞 - ly …………… 126
「1-3-5 メソッド」⑬——形容詞を強調する接尾辞 -ful ………………… 127
「1-3-5 メソッド」⑭——-ful と正反対の意味の接尾辞 -less ………… 129
「1-3-5 メソッド」⑮——形容詞を名詞に変える接尾辞-ness ………… 131
「1-3-5 メソッド」⑯——名詞、形容詞を動詞に変える接尾辞 -ize …… 132
「1-3-5 メソッド」⑰——語根の script、scribe から語彙を増やす …… 137
「1-3-5 メソッド」を使えば、15,000 語の習得もこわくない……… 140
「1-3-5 メソッド」⑱——語根の tract は「引っ張る」という意味を含む…… 142
「1-3-5 メソッド」⑲——アングロ-サクソン語語源の
単語から語彙を増やす………………………………… 145

無意識に使っている膨大な外来英語を調べ直し、語彙に取り込む 146
こんなにもある、日本人が日常で使っている外来英語 147
根本的に意味が間違っていたり、
限定的に使われている外来英語を見直す 148
日本人がよくやる、間違った意味の外来英語を使った失敗例 149
日本人がよくやる、和製英語を使った失敗例 151
発音など気にしない！ とにかく和製英語でもどんどん使ってみる 153

STEP 4 英語の難所を乗り越える 156

英語の難所①──「語順」が絶対であること 158
英語の難所②──「句動詞」の代表例 その1 put up with 158
英語の難所②──「句動詞」の代表例 その2 to be out of 161
英語の難所②──「句動詞」の代表例 その3 get over 163
英語の難所②──「句動詞」の代表例 その4 hold+前置詞 164
英語の難所③──アクセントやイントネーションで文意が変わる 167
英語の難所④──「慣用句(イディオム)」の代表例 その1 put down 172
言語は「生きた会話」の実践から切り離しては絶対に覚えられない 174
英語の難所④──「慣用句(イディオム)」の代表例 その2 put down 176
わからない単語を耳にしたときは、会話を中断させないで聞き返す 178
英語の難所④──「慣用句(イディオム)」の代表例 その3 put down 180
「聞く、考える、分析する」を常に心がける 181

STEP 5 日本人のための、パックン式・実践的英語上達法 184

本当に英語がうまくなるための大前提①──リラックス！ 186
本当に英語がうまくなるための大前提②──「自分」に自信を持つ！ 188

| 本当に英語がうまくなるための大前提③──「日本文化」に自信を持つ！ | 190 |

本当に英語がうまくなるための大前提④──常に英語を話さなくてはならない
状況に自分を置く ……………… 194

本当に英語がうまくなるための大前提⑤──自然に口をついて出てくる
「表現語彙」を増やす ………… 196

英語には、重要な独自の非言語的表現、「身振り言語(ボディー・ランゲージ)」がある …… 197

英語では、「身振り言語(ボディー・ランゲージ)」は「言葉」と同じくらい重要である ………… 200

英語の派手な「身振り言語(ボディー・ランゲージ)」は、
教会での牧師の説教から始まった ……………………………… 202

日本流の「エイカイワ」を勉強しても、英語は絶対にしゃべれない 204

ハ式・実践的英語上達法①──相手とは必ず「視線を合わせる」 ………… 205

ハ式・実践的英語上達法②──身振り言語から
「言葉以外のもの」を読み取る ………… 206

ハ式・実践的英語上達法③──自分が話しているときも、
必ず「相手の目を見る」 …………………… 208

英語の映画を観るときは、登場人物の
ジェスチャーをよく観察する ……………………………… 209

文法や発音が正しいかは、
英語を話せるようになるのとは関係ない ……………………… 210

ハ式・実践的英語上達法④──相手を「ごまかす！(Fake it)」 ………… 212

ハ式・実践的英語上達法⑤──相手を「ごまかす！(Fake it)」の例 ………… 214

相手の背景にある、文化や習慣の「マインドセット」を身につける 217

ハ式・実践的英語上達法⑥──英語で「自分のストーリー」を
話せるようにしておく ……………………… 219

ハ式・実践的英語上達法⑦──興味のあることに関する
語彙を増やしておく ……………………… 223

ハ式・実践的英語上達法⑧──相手の質問をわざと繰り返す ………… 224

ハ式・実践的英語上達法⑨──ある単語が相手に通じなかったら
別の同義語を使う ……………………… 227

ハ式・実践的英語上達法⑩──ネイティブが使うジェスチャーや
身体言語を真似する ……………………… 230

はじめに

「言葉」とは、意味と
秩序を伴った「音(響き)」である

　芸術とは私たち人類の前に置かれた小さな鏡のようなものだといいます。私たち人間はこの鏡をのぞいてみるのも見て見ぬふりをするのも自由です。
　しかし、この鏡をじっとのぞいてみると、人生の本当の姿が見えてくるかもしれません。それは美しい輝きのなかにあるかもしれませんし、みすぼらしい暗闇のなかにあるかもしれません。あるいは実際には、その両極端の中間に広がる灰色の光のなかにあるかもしれません。
　しかし、この「芸術の鏡」の他にもう一つ、見て見ぬふりをすることができない鏡があります。私はこの鏡を「長い鏡(the long mirror)」と呼んでいます。この鏡は、人類の始まり——つまり遺伝学的にはちょっと毛深い「いとこ」といえる類人猿からの進化を始めた時点——にまでさかのぼる長い鏡です。
　この鏡は私やあなたの一生をはるかに超えて、この先、数えきれないほどの世代を重ねる人類の営みをも超えて延び続けていくのです。

　この長い鏡は、「言語の鏡」です。

　そもそも「言語」とは何でしょうか?
　言語とは、ときにジェスチャーを伴って発せられた秩序のある「音」(響き)だということができるでしょう。ここでいうジェスチャーとは、顔や手やその他の身体(からだ)の部分を使って表されるしぐさです。
　聴覚に障害を持つ人のなかには「手話」というジェスチャー

による音を伴わない言語を使うかたもいますが、この本では、秩序化された音、意味を成す音、または少なくとも意味を成そうとして発せられる音、そして非言語コミュニケーションの表現の約束事に焦点を当てたいと思います。

ヒト以外の動物の多くが、捉えようによってはヒトが発する音よりもさらに複雑な音を作り出して使っています。それらの動物の発する音と私たちヒトが発する音の目的は同じです。仲間にシグナルを送る、すなわちコミュニケーションを図るための音です。

しかし、ヒトが発する音だけが「ロジック」を持っているようなのです。ここでいう「ロジック」とは私たちが過去に起こったこと、今起こっていること、そしてこれから起こるであろうことを考えたり説明したりするときに必要な「論理」のことです。

現在、世界では約6,500の言語が実際に使われています。

その一つ一つが多様な音(響き)でできています。

これらの言語のなかには、一つ一つの音や、音の組み合わせが似ている「同系言語(related languages)」と、共通する部分がきわめて少ない「異系言語 (unrelated languages)」があります。

この「同系」と「異系」という言葉は、人間でいえば「親戚関係」にあたる言語と「赤の他人」にあたる言語を区別して考えるのに似ています。

たとえば、フランス語、スペイン語、ポルトガル語、イタリア語などは、古代ローマで使われていた共通言語であるラテン語に起源を持つ言語で、「ロマンス諸語」と呼ばれる系統の「同系言語」です。先ほどの人間社会にたとえれば、これらの言語はすべて「親戚関係」にあるということができます。

英語、オランダ語、スウェーデン語、デンマーク語は、後に

現代ドイツ語に発展した言語を共通の「親(祖語)」とする「ゲルマン語派」に属する「同系言語」です。
　同様に、ロシア語、ポーランド語、チェコ語、ブルガリア語は「スラヴ語派」に属する「同系言語」で、アゼルバイジャン語、ウズベキスタン語、カザフ語、トルコ語は35近くある「テュルク諸語」という「同系言語」の一部です。
　しかし人間の家族や親戚のなかにいろんな人がいるように、同じ語族や語派に属する言語のなかにも、主に音の種類が大きく異なる言語があります。他の言語には存在しない音を使う言語もありますし、アルファベットの「o」という文字で表される一般的な音も、ポーランド語とロシア語では微妙に違いますし、英語と日本語でもまた異なります。
　たとえば、アメリカ人が日本語の「そう(そお)ですね」(So-desu-ne)と言うのをよく聞いてみると、アメリカ人の発音する「o」は日本人の「お」と比較して、より唇の丸みを伴った「う」の母音(円唇母音)に聞こえるのがわかるかもしれません。

英語習得の第一歩は、
英語特有の「音」を理解すること

　まず第一に、この本では、いまだに英語の習得に苦しんでいる多くの日本のみなさんが、それを克服するために特に意識しなければいけないこととして、英語という言語の「音」(響き)という部分に焦点を当て、それを深く掘り下げてみたいと思います。
　なぜなら、

　　　すべての言語は「音」で成りたっている

　からです。

英語で使われる「音」の種類や組み合わせを理解することができれば、
　　　一つ一つの単語の意味を覚えることに集中するよりも、
　　　より速く、より完璧に英語を学ぶことができる

と断言できます。
　　　日本における英語教育があまり効果的でないのは、
　　　言葉の意味や定義にばかり力を入れているから

です。
　日本人の多くが、外国人(英語とは類似性のない言語を話す国の人々を含む多くの外国人)よりも英語を話すのが苦手な主な原因の一つはまさにここにあるのです。
　「**言語は音である**」ということを忘れないでください。
　その言語の「音の特性」をマスターすることができれば、その言語をマスターすることはそう難しくありません。

　ここで私は、ネイティブの英語スピーカーに理解してもらうためには、日本人を含め、あらゆる外国人が「完璧な英語の発音をしなくてはならない」と言っているのではありません。
　ネイティブスピーカーが理解できるように発音できさえすれば、それでいいのです。
　英語という言語について最も特徴的なことの一つとしていえるのは、

　　　英語は、ネイティブスピーカーの数よりも、
　　　非ネイティブスピーカーの数のほうが多い言語である

ということです。
　このような言語は他にはありません。

> 英語には日本語のような「標準語」というものは存在しない。
> ネイティブスピーカーも含めて、
> 英語を話す人はみんながみんな、「訛って」いる

のです。

英語は、外国人が習得するには最も難しい言語の一つである

「これを言っては身もふたもない」ということを最初にあえて言ってしまいますが、

> **英語は外国人が習得するには、ものすごく難しい言語である**

ということです。

私は、自分が英語のネイティブスピーカーとして生まれためぐりあわせに感謝せずにはいられません。

私は大人になってから、ロシア語とポーランド語と日本語を学びました。

この三つの言語も世界の言語のなかで難しい言語だといわれていますが、実は、英語はこの三つの言語のどれよりも学ぶのが難しい言語です(英語、ロシア語、ポーランド語、日本語のうち、「話す」ことを学ぶのが一番簡単なのは日本語です。なぜかを知りたいかたは、私の書いた『驚くべき日本語』[集英社インターナショナル刊] を読んでみてください)。

しかし、英語特有の「ロジック」を理解することができれば、これまで英語習得に苦労してきたみなさんでも、驚くべき速さで、しかも完璧に英語をマスターすることができます。

「英語特有のロジックを理解する」とは、言い換えると、「英語の考え方(mindset：マインドセット)」を身につけるとい

うことです。
　キーワードは「考え方、マインドセット」です。
　わかりやすくいうと、「マインドセット」とは、ある社会や集団のなかで確立している思考様式、態度、価値観などのことを意味します。
　ここまで読んで、みなさんのなかには、
「そんなことはわかってるけど『言うは易（やす）し、行うは難（かた）し』だよ」
と思っているかたがいるかもしれません。
　でも正しい方法でチャレンジすれば、「英語のマインドセット」を身につけることはそれほど難しいことではありません。
　ピアノやチェロなど、さまざまな楽器で音楽を奏でるのは決して簡単ではありませんね。特に不安、恐れ、気おくれ、怒り、フラストレーションなどを感じながらだと、その楽器をどんなに練習しても本当の音楽を奏でることはできません。
　新しいことを始める前にまず、不安、恐れ、気おくれ、フラストレーションという最初の敵に打ち勝つ必要があります。「才能の有無」は二の次です。
　まだ、ある外国語をうまく話すことができなくても、それを「友だち」や「親友」のようなものだと考えてみてください。ぎゅっと抱きしめてみてください。大好きになってください。
　そうすれば、その言語は生涯ずっと献身的にみなさんの努力に報い、忠実な友であり続けてくれるでしょう。そうしているうちに、ひょっとしたらその言語が流暢（りゅうちょう）に話せるようになるかもしれません。

英語の「ペラペラ山」に登るために必要な三つの条件

　では、生まれたときからみなさんの心と身体にすっかり刷（す）り

込まれ、英語習得を根本で邪魔している「日本語のマインドセット」を、「英語のマインドセット」に換えるにはどうすればいいのか？

　これができれば、目の前に高くそびえる、とても登れそうにない「山」に、以前よりはるかに楽に登れるようになることを、私が100％保証します。

　私はこの山に「ペラペラ山」と名前をつけて呼んでいます。

　いつの日かあなたもこの「山」の頂上に立ち、両手を空高く突き上げて「やったぞ！　ペラペラ山の頂上に立ったぞ！」と叫べるようになるでしょう。でも、この「ペラペラ山」の頂上に立ちたいと望むならば、次の三つが絶対に必要になります。

① 好奇心と熱意と情熱から成る「正しい姿勢」
②「結局のところ英語とはどういう言語なのか？」についての「正しい知識」
③ この本で私がみなさんに提供する「正しい装備」

　最初の「姿勢」については、私はほとんど何もすることができません。

　これは完全にあなた次第です。

　二つめの「知識」とは、英語という「山」についての知識です。

　高さはどれくらいなのか？──かなり高いです。

　山の斜面の角度はどれくらいなのか？──残念ながらほとんどの道のりが急斜面です。

　頂上にたどり着くまでにどれほどの岩場や落とし穴や回り道を越えて行かなくてはならないのか？──ほとんど数えきれないほどの数です。

　おそらくみなさんにはショックなことでしょうが、これが現実です。

だからこそ、まずは、

巷にあふれかえっている、英語を習得するのなんて「へのかっぱ！」などと楽しそうな売り文句のタイトルの本には、絶対に手を出さない

でください。
英語の習得は「へのかっぱ」なんかではありません。
ほんとうにとんでもなく難しいことなのです。
でも、もう一度繰り返しますが、この本で私がみなさんにお教えしようとしている「英語のマインドセット」を習得し、英語の「音」と「ロジック」を理解すれば、この「ペラペラ山」の頂上を目指す山登りはずっとずっと楽なものになります。

次に三つめの「正しい装備」についてお話しします。
普通、山登りをする場合、登山靴、上着、保温性の高い肌着、丈夫なロープ、先にフックのついたクライミング用のロープ、頑丈なテント、高性能なラジオなどの装備が必要です。
同じように「ペラペラ山」に登るのにも適切な装備が必要なのです。
私は、登山靴やロープや温かい肌着のように、外国語という山を登るために必要な独自の装備を考え出しました。そのおかげで、ポーランド語や日本語という一般には難しいとされている言語を、一年もしないうちにマスターすることができました。
私が最初に学んだ外国語はロシア語でしたが、ロシア語のときは、それを学びながら独自の方法を暗中模索しながら考えていったので、他の二つの言語よりは習得に時間がかかりました。
でも、私がその過程で身につけた手法を知れば、同じように、みなさんも英語をそれほど時間をかけずにマスターすることができるはずです。
学校で何年間も必修科目として英語を学んでいるにもかかわ

らず、日本人の多くが英語をうまく話せないのは、

> 英語を学ぶツールとして、「単語の意味や文法や『書き言葉』にフォーカスを当てる」という間違ったアプローチをしている

からです(もちろん単語の意味や文法や「書き言葉」も大切です)。

でも、ネイティブスピーカーがこれらにフォーカスするのは、子供のときに「音」を習得したあとのことです。そして、

> 非ネイティブスピーカーも、ネイティブの子供と同じ順序とやり方で英語を学ぶ

べきなのです。

言語に関する間違った考え方は、間違った服装や装備のようなものです。

たとえば、水着を着て、ゴム製の水かきをつけて、シュノーケルを口にくわえて、高い山に登ろうとしているようなものです。

この本では、英語という高い山に登ろうとするみなさんに、その道中に点在している高原にたどり着くための経路を記したガイドブックと地図を示したいと思っています。
「英語のマインドセット」を習得するために大切な考え方は、この高原(P102参照)を目指して段階的に登って行くということです。

そのために、まず最初に、英語の歴史について簡単に説明し、英語固有の音と、英語という言語を織り成す「マインドセット」を作り出している一本一本の「織り糸」について詳しく理解してもらいたいと思います。

そして次に、私が編み出した、

「㊅(パルバース)方式」という、外国語習得方法の秘訣とコツ

をお教えします。
　私はこの方法を、英語を話すことを目指す日本人のための英語学習に取り入れてきました。私もそれなりに日本語をよく知っているつもりですので、英語学習における日本人ならではのハードルの高さをよく理解していると思っています。それは、私自身も日本語を学ぶにあたり同じような困難を経験したからです。
　この本で、私はみなさんのシェルパ(登山ガイド)として、最後まで責任を持って「ペラペラ山」の頂上までたどり着くためのコツと方法を提供します。
　さあ、みなさんの持っている好奇心を刺激し、熱意をかきたて、情熱を燃やしてこの本のページをめくってください。
　そして、私と一緒に「ペラペラ山」登山の第一歩を踏み出しましょう！

　　　　　　　　　ロジャー・パルバース
　　　　　　　　　　　　　　　2015年1月
　　　　　　　　　オーストラリア、シドニーにて

STEP 1

日本人が知らない、英語がたどった複雑な歴史を知る

「英語とは…『音』のたぐいまれな、
想像力に富んだ、音楽的なミックスである。」
　　　　　————ジョージ・バーナード・ショー、戯曲「ピグマリオン」より

STEP 1 日本人が知らない、英語がたどった複雑な歴史を知る

英語習得に必要な大前提は、まず「英語の歴史」を知ること

　私は東京工業大学で英語を教えていた何年ものあいだ、学期が変わって新しいクラスが始まるたびに、
　「英語がどれくらい古い言語なのか知っていますか？」
　と学生たちに聞いていました。でも、正しい答えを知っていた学生はほとんどいませんでした。
　「現在使われている英語の始まりは、約1000年前」というのが正しい答えです。
　もちろん現在の英語のネイティブスピーカーが1000年前に使われていた英語をそのまま理解できるわけではありません。専門的な勉強をした人でなければ、21世紀を生きる私たちには当時の英語はほとんど理解できません。
　まず、みなさんに最初にしっかりと理解し、心構えの準備をしておいていただきたいこと。それは、「はじめに」でも書きましたが、

　　　英語はとんでもなく難しく、複雑で、変則的な言語である

　ということです。
　しかしこの言語がどのように生まれ、どのように発展してきたのかを理解すれば、これまでよりずっと速く、英語をマスターすることができます。つまり、現代の英語の独特の構造やくせ、複雑さを理解するためには、まず、その歴史を知る必要があります。
　そこで今から、英語の歴史を、5つの異民族と異言語の突然の「渡来（arrival：🔊アライヴァル）」という観点から紹介してみようと思います。
　まずは、いつ、どこで、この5つの異民族と異言語の「渡来」が起こったのかに注目してみましょう。

第一の「渡来」
──ヨーロッパ大陸からのローマ軍の侵攻と統治

　1997年、私と妻のスーザンは、当時8歳〜14歳だった4人の子供を連れて、1カ月かけてイギリスを旅行しました。12人乗りのバンを借りて3,500kmもの道のりを走ったのです。
　大きなバンを借りたのは大正解でした。この大きな車のおかげで、子供たちはおたがいから離れて座ることができたからです。一人の子供が一列全部を使うことができたのです。
　私は子供たちに「Own row means no rows！（自分の列があれば、けんかはなし！）」と言ったのを覚えています。
　なぜここでこの話をしたかというと、このエピソードは167ページ〜で紹介する英語の特徴をよく表しているからです。

　　**英語には、スペルが同じでも、発音と意味が違う単語が
　　たくさんあります。**

　この文章に出てくる最初の「row」は「ロー」と発音し、「列」という意味の単語です。この言葉は、**ドイツ語**の似た言葉から英語に取り入れられました。
　二つめの「row」は「ラウ」と発音する「騒々しいけんか」という意味の単語です。残念ながらよく使われるこの言葉は、ラテン語から英語に入ってきました。
　また、同じラテン語の単語から派生して「rowdy（ラウディ：⑧乱暴者／⑯乱暴な、騒ぎ立てる）」や「raucous（ローカス：⑯騒々しい、乱暴な）」という複数の単語が英語に加わりました。
　英語にはさらにもう一つ、三つめの「row」という単語があります。
　発音は一つめと同じ「ロー」で、「ボートをこぐ」という意味の動詞です（※この単語はもともとサンスクリット語の「oar（オール）」という意味の語が、古代ギリシャ語、ラテン語、古ノルド語を経て英語に

STEP 1 日本人が知らない、英語がたどった複雑な歴史を知る

入ってきたものです)。

英語の最も基本的な特徴は、その語源の多様さにある

ちょっと話が脇道にそれましたが、これは英語の基本的な特徴(最も基本的な特徴といえるかもしれません)をよく表しています。

それは、

英語の最も基本的な特徴は、その語源の多様さ

にあるということです。

イギリス南東部のケント州の海岸にそびえる、イングランド最大の城、ドーバー城。

さて、私たち家族が12人乗りのバンでイギリスの田舎を旅したときの話に戻りましょう。

イングランド最大の城であるドーバー城に立ち寄ったときのことです。私はそこで見たものに圧倒されました。ドーバー城はイギリス南東部のケント州の海岸にあり、イギリスとヨーロッパ大陸を隔てるドーバー海峡を見下ろす絶好の場所に建っています。私は子供たちを連れて、切り立った崖のてっぺんにある灯台を見に行きました。

22

現在は一つしか残っていませんが、この場所にはもともと二つの灯台がありました。その灯台は今の時代によくある形ではなく、古代ギリシャ建築の模型に出てくる塔のような形をしていて、チェスゲームの駒の一つで塔のような形をした「ルーク」に似ています。
　この灯台は西暦43年にローマ軍によって建てられました。この西暦43年というのは、ローマ軍がイギリスに「渡来」(正確には「侵攻」です)してから1世紀ほど後のことです。ローマ軍が本格的にイギリスを統治し始めたのが、この西暦43年なのです。
　つまりこの灯台は、イギリスにとって歴史的な分岐点となった年に建てられたものです。
　イギリスとヨーロッパ大陸を隔てる海峡を行き来する船が一望できる場所にあるこの灯台が、ローマ帝国がイギリスを完全に制圧するための戦略の一環として建てられたことは間違いありません。
　私はこの灯台のすぐそばに立って、その白いすべすべの壁にほおを当ててみました。石造りの壁は夏の太陽に温められてほんのり暖かく、私は目を閉じて、約2000年前にまさにこの場所に立っていたであろうローマ軍兵士の姿を想像しました。
　私は子供たちに「この建物はイギリスの歴史、そして私たちが今使っている言語の歴史にとってすごく大切なできごとを象徴しているんだ」と言い、みんなでその歴史の始まりに思いを馳せました。

第二の「渡来」
──ヨーロッパからのアングロ-サクソン人の大移動

　さて、第二の「渡来」は、数世紀にわたって続いた大規模なものです。
　海を隔てたいくつかのヨーロッパの地方から、約25万の人々がイングランドに渡ってきたのです。この渡来は、他の4つの渡来ほど残酷な結果をもたらすものではありませんでした。イギリスにはこの地を征服しようとやって来た人々も大勢いましたが、ここを安

住の地としようとやって来た人々も大勢いたのです。そのなかには今で言う「ボートピープル」、すなわち自国を追われた難民もいたにちがいありません。

　この時期にイギリスに渡って来たのは、ほとんどがユトランド半島(現在のデンマーク)、アンゲルン半島(ユトランド半島の付け根で、アングル人が住んでいた地域)、ザクセン地方沿岸、フリースラント地方(現在のオランダとドイツの一部)という4つの地域からの人々でした(ここでいうザクセン地方は、ドイツ北部に当時あった地域で、チェコとポーランドに隣接する現在のドイツ西部のザクセン州のことではありません)。

　現在、これらの地域から来た人々は、ひとくくりに「**アングロ-サクソン人**」と呼ばれています。

リンディスファーン島に残る男子修道院跡。

第三の「渡来」
——バイキングの最初の襲来

　イギリスの北東部にリンディスファーン島という小さな島があります。この島は「ホーリー島(聖なる島)」とも呼ばれていますが、頭のような形をした部分から岬が長い鼻のように突きだしていて、

まるで日本の「てんぐ」のような形をしています。引き潮の時間帯には、イギリス本島から干潟を歩いてこの島まで行くことができます。

　7世紀初めにはこの島に男子修道院が建てられ、そこを拠点にイギリス北部全体へとキリスト教が広められました。しかし西暦793年のある日、キリスト教とは関係のないバイキングがこの島に「到着」し、修道士を皆殺しにして、修道院を破壊しました。

　現代のある学者は、この惨事を次のように記しています。
　「こんな恐ろしいできごとは、イギリスの歴史が始まって以来初めてのことだった。異教徒たちは、祭壇のあたり一面に聖人たちの血をぶちまけて、遺体を道に落ちている汚物のように踏みつけた」

　これは、どう見ても歓迎される「渡来」ではなかったのです。

イギリスのケント州北岸のシェピー島。

第四の「渡来」
——バイキングの度重なる襲来と侵略

　イギリスのケント州北岸にシェピー島という小さな島があります。ロンドンから約75km離れたところです。この総面積93平方キロメートルの小さな島の「シェピー」という名前は、「sheep（シープ：

㋱羊)」という語が由来です。つまり「羊の島」ということです。

この島にも次々にバイキングの集団が「到着」し、島の人々を殺し、島全体を破壊しました。

バイキングたちは、西暦832年、851年、854年、そしてその後も、まるで繰り返す津波のように押し寄せてきたのです。

第五の「渡来」
——ノルマン-フランス人の襲来

ロンドンから南南東に約80kmのところに、人口約6,000人のバトルという小さな町があります。

この「戦い」を意味する「バトル」という名前は、イギリス史上最も決定的かつ重要な「ヘースティングズの戦い」の主戦場になった町にふさわしいものだと言えるでしょう。

ヘースティングズはバトルのすぐ近くにある町です。つまり、イギリス史上最も有名なこの戦いは、本当は、「ヘースティングズの戦い」ではなくて「バトルのバトル（バトルの戦い）」と呼ばれるべきなのです。

西暦1066年の10月、フランス北西部、コタンタン半島あたりに住んでいた民族ノルマン-フランス人が「到着」し、この地域をすでに支配していたアングロ-サクソン人たちに戦いを挑み、勝利しました。

ヘースティングズの戦いを描いたタペストリー。

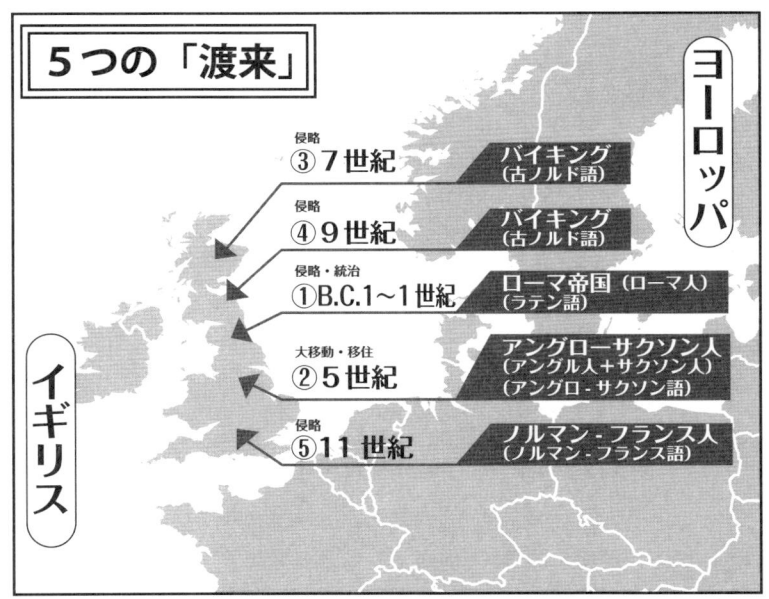

(※矢印は、特定の地域を示すものではありません)

異民族の「渡来」により、
イギリスにまったく新しい言語が生まれた

　これが、異民族によるイギリスへの「5つの渡来」の概要です。
　この5つの突然の「渡来」は、イギリスの歴史を変えたのはもちろん、後に「英語」と呼ばれることになる言語の起源と発展に大きな影響を与えました。
　この5つの渡来の後も、何世紀にもわたって、島国イギリスの長くて侵入しやすい海岸には、近隣地域から数えきれないほどの招かれざる客が移住、侵略、襲来をしました。
　日本もイギリスと同じ島国ですが、日本の海岸線とアジア大陸の

距離が、イギリスとヨーロッパ大陸の距離よりはるかに遠いのは幸いなことでした。また、イギリスとヨーロッパ大陸の間の海峡は日本を取り囲む海と比べてかなり穏やかであるということも影響しました。

もし日本が三つの異なる国(たとえば、モンゴルと中国と韓国)の人々に侵略・征服されていたとしたら、日本語の発展の過程はまったく違っていたはずです。しかし、不幸なことに、イギリスには人々を残虐な侵略者から守る「神風」は吹かなかったのです。

ではいったい、このような招かれざる客の渡来は、人々の話す言語にどのような影響を与えたのか？

端的に言うと、

**イギリスの人々が使っていた元の言語は、
「まったく新しい言語」に変化を遂げた**

のです。

これら異民族たちの渡来が起こらなければ、今ごろ、イギリスの人々は、ローマ人がイギリスにやって来る前に使っていた主な言語であった「ケルト語派」の言語を話していたに違いありません。そして、日本の学校や大学ではケルト語の授業が行われ、私は今ごろ「英語の本」ではなくて「ケルト語の本」を書いていたことでしょう。

「English」という語はもともと、現在のドイツ北部とデンマーク南部に暮らしていたアングル人が由来です。彼らが自分たちをアングル人と呼んだのは、彼らの暮らしていた土地が海岸から「angle(アングル：㋑曲がった所、角度、鉤)」のように突き出していたからです。つまりイングランドの「England」という国の名前と「English」という言語の名前は、両方ともアングル人から借りてきた(正確にいうと「押しつけられた」)ものなのです。

では次に、なぜ、どのようにして、英語は現在の形になったのか、

そして先にお話しした5つの渡来がどのように関係しているのかを見ていきたいと思います。
　この「なぜ」と「どのように」が理解できれば、英語という複雑な言語の構造が把握できると思うので、英語の高い山をより簡単に登り切ることができるはずだからです。

イギリス古来の「ケルト語」は、「ラテン語」に駆逐された

　のちに英語となる言語に決定的な影響を与えたものが三つあります。
　驚かれるかもしれませんが、ローマ人がイギリスに到着する前に使われていた「ケルト語」はその三つのうちの一つではありません。
　現在の英語には、ケルト語を語源とする言葉はほとんどないのです。
　おもしろいことに、ケルト語を語源としてその後の英語に根づいた言葉で、最も重宝されている単語をあえて二つ挙げるならば、「ass（アス：㊟ロバ）」と「whiskey（ウィスキー：㊟）」ということになるでしょう。
　このウィスキーという言葉はもともと「命の水（water of life）」という意味です。
　「ケルト語派」の言語を起源とする英単語が少ないという事実からわかるように、イギリスでもともと使われていた言語は、招かれざる侵略者の言語によって征服されてしまったのです。
　前述したドーバーの崖の上にある灯台が、強大なローマ帝国の支配拡大の最前線、すなわちイギリス支配の象徴であったことについてまず考えてみましょう。
　ローマ帝国は5世紀半ばまでの約400年間、イングランドのほぼ全土を支配していました。ローマ帝国はそこで道路を造り、下水道設備を整えました。のちに主要都市となる町の多くを造り、それぞ

れに名前をつけたのもローマ人でした。これらの町の名前は、多少形を変えながら現在も使われています。

英語の歴史に詳しくない人には想像もつかないでしょうが、たとえば、カンタベリー、リンカン、マンチェスター、ロンドンなどの町の名前はすべて、ローマ帝国の「**リンガ・フランカ**（共通語）」であった「**ラテン語**」が語源です。

具体的な理由は後述しますが、なんと実は、

**現代英語のボキャブラリーの半数以上は、
「ラテン語」が語源なのです。**

語源の半分はラテン語だが、それはローマ人の征服が原因ではない

英語のボキャブラリーの半数以上がラテン語が語源だと聞くと、前述したように、ローマ帝国が西暦43年にイギリスを侵略し、その後の5世紀半ごろまでイギリスを支配していたことが原因だと考えるかもしれません。

でも、それは違います。

ローマ帝国がイギリスを統治していた時代のラテン語が語源で、現在も英語として使われている単語は、実はたった200語ほどしかないのです。

もちろん、ローマ帝国はイギリスに非常に多くのものを残しました。

現在もイギリス各地で考古学調査が行われ、当時のさまざまな遺物や遺跡が発掘されています。一例を挙げると、銀、金、ベルトの留め金、ローマ軍兵士の使った盾やガレア（兜）の一部、鋭くとがった鉛や鉄でできた投げ矢、大量のコイン、さまざまな陶器類、モザイクで飾られた床、豪華な浴場の遺跡などです。

土のなかからはこれだけの遺物が出てくるというのに、不思議な

ことに、言語に関していえば、ローマ帝国の遺産はほぼ「皆無」なのです。

現代英語の基礎は、アングロ-サクソン人によって作られた

　これには二つの理由があります。

　一つは、**ローマ人は典型的な「占領者」であり、「定住」を目指した入植者ではなかった**ということです。ローマ人は権力を手にしたかっただけで、現地の暮らしに溶け込もうとはしませんでした。

　そして、二つめの理由は、ローマ人のあとに、「定住」を目指してやって来て、先住者との永続的なつながりを築き上げた新しい占領者が、先にいたローマ人に取って代わったということです。

　イギリスの言語における転換期は、ローマ人が去った何世紀もあとにやって来たのです。

　ローマ人のあとにやって来た新しい占領者である「**アングロ-サクソン人**」は、当然ながら彼らの言語であるさまざまな形式の「**ゲルマン語派**」の言語とともにやって来ました。そして、この「**アングロ-サクソン人**」の言語が、現在の英語の基礎を作ったのです。アングロ-サクソン人と呼ばれるようになった民族は、アングル人やサクソン人にバイキングたちが加わってできた民族です。

　実際に、アングロ-サクソン人の使っていた言語(以下、総称して「アングロ-サクソン語」)は、「**古英語(Old English)**」と呼ばれています。

　現在の英語のネイティブスピーカーが「アングロ-サクソン語」を聞いても理解できませんが、現在のドイツ人ならばいくらか意味がわかるのではないかと思います。**アングロ-サクソン語は、あらゆる面で、英語よりもドイツ語に似ている**からです。

　英語には、ゲルマン語よりもラテン語に由来する言葉のほうが多いにもかかわらず、ゲルマン語派に分類されているのは、アングロ-

サクソン人が英語の基礎を作ったという事実があるからです。

英語はアングロ-サクソン語が基礎で、ラテン語で彩られている

ここで一度「英語」を「団地」のようなものだと考えてみてください。

- 団地の建物を支える基礎部分、柱、壁に当たるのが「アングロ-サクソン語」
- 外壁のペンキや、窓のガラスや、色とりどりのタイル張りの屋根に当たるのが「ラテン語」

です。

その両方がないとこの団地は完成せず、なかに住むことはできません。

これが、英語が普通の言語の2倍も難しいといわれる理由です。

この「英語団地」に住みつくためには、

このまったく異なる二つの言語から派生した単語を両方マスターしなくてはならない

のです。先ほどお話しした5つの渡来のうち、第三と第四のバイキングの襲来と侵略はおそろしいほど過激なものでした。

しかし、アングロ-サクソン人の「言語学上のいとこ(ゲルマン語派の民族)」にあたるバイキングが使っていた「古ノルド語」は「ゲルマン語派」の一つだったので、すでに同じ「ゲルマン語派」であるアングル人とサクソン人が使っていた言語も加わって、「アングロ-サクソン語」、すなわち「古英語」の建物を支える基礎、柱、壁を造りなおす必要はありませんでした。

それどころか、この「古ノルド語」はアングル人とサクソン人の言葉に何千もの単語を加え、そのボキャブラリーをより豊かなもの

にしたのです。
　参考までに、「古ノルド語」から英語に取り入れられ、今も現代英語で使われている、基本的で便利な言葉をいくつか挙げてみましょう。

　　　anger　　（アンガー：㊎怒り）
　　　awe　　　（オウ：㊎畏敬の念、元の意味は「恐怖」）
　　　birth　　（バース：㊎誕生）
　　　egg　　　（エッグ：㊎卵）
　　　hell　　　（ヘル：㊎地獄）
　　　husband　（ハズバンド：㊎夫）
　　　knife　　（ナイフ：㊎ナイフ）
　　　odd　　　（オッド：㊏奇妙な）
　　　skin　　　（スキン：㊎肌）
　　　steak　　（ステイク：㊎ステーキ）
　　　ugly　　　（アグリー：㊏みにくい）

ノルマン人の侵略で、イギリスの公用語はノルマン-フランス語に

　さらに、好戦的なバイキングの侵略先はイギリスだけにとどまりませんでした。バイキングは現在のウクライナの一部やカナダなど、距離的にも故郷の北欧から遠く離れている多くの土地を侵略しました。「ノルマン」が「北方の人」を意味することからもわかるように、1066年にイギリスを征服した**ノルマン-フランス人**もスカンジナビアから来たバイキングの子孫だったのです。
　しかし、このバイキングによる襲来と征服は、古英語の基礎、柱、壁をより強固なものにしました。つまり、

STEP 1 日本人が知らない、英語がたどった複雑な歴史を知る

現在のイングランドに住む人々は、11世紀初めに、すでにケルト語やラテン語の影響をほとんど受けていないゲルマン語派の言語を話していた

のです。

　ところが、その後、1066年のバトルでの戦い(P26参照)で、ノルマン-フランス人によってアングロ-サクソンの王が殺された結果、勝者の言語でラテン語系の「ロマンス語派」の一つである「ノルマン-フランス語」が公用語となったのです。

　そのためにその後、この土地で成功、繁栄するためには、イギリス人はノルマン-フランス語を身につけなくてはならざるをえなくなりました。

　この歴史を知ると、新しく公用語となったこのロマンス語派であるノルマン-フランス語が、もともと使われていた古英語を駆逐して、今ごろイギリスでは、当然フランス語が使われているはずだと不思議に思われるかもしれません。

　実際、征服者の言語がその土地の公用語となるケースはよくあることです。征服された側は世代を重ねるうちに、自分たちの言語を守るよりも、新しい統治者が決めた言語環境に同化するほうが便利で有益であると考えるからです。

　たとえば、長いあいだイギリスの植民地支配を受けていたアイルランドでは、アイルランド語よりも英語が主流になりました(アイルランドは後に、オスカー・ワイルド、ジョージ・バーナード・ショー、ジェイムズ・ジョイス、サミュエル・ベケットなどの偉大な詩人や作家を輩出し、十分に英語に「仕返し」をしましたが)。

「ノルマン-フランス語」と「古英語」は、便利だが複雑な「中英語」を生み出した

　ところが、イギリスでは不思議なことが起こりました。

ノルマン-フランス語は古英語に取って代わることはありませんでした。この二つは共存し、混じり合って、複雑ではあるけれど、とても便利な一つの言語を生み出したのです。
　古英語は、ラテン語から派生したノルマン-フランス語に追い払われることも、逆に相手を追い払うこともなく、自分自身のなかに取り込んだのです。つまり、**古英語はノルマン-フランス語を受け入れ、「中英語」、または「中期英語」(Middle English) と呼ばれるまったく新しい形の言語を作ることで同化したのです。**

古英語は具体的、
ノルマン-フランス語は抽象的な意味を表す

　なぜこのようなことが起こったのでしょうか。
　それにはさまざまな理由があるのですが、この二つの言語が、共に必要な、異なる目的をそれぞれ果たしていたというのが最大の理由です。

> **古英語の言葉のほとんどは、短く、簡潔で、具体的な意味**

を持っていました。一方、

> **ノルマン-フランス語の言葉は、たいてい長く、
> 流れるような音調や軽やかさ**

を持っていました。また、「ノルマン-フランス語は、田舎に住む素朴な人々(アングロ-サクソン人)の言葉であった古英語にはない、抽象的・概念的な意味を表現することができた」のです。
　古英語はすでに500年ものあいだイングランドの主要言語としてこの地に深く根づいていました。しかし、ノルマン-フランス語は、征服者により持ち込まれた言語にもかかわらず、イングランド南東部に比べると北部ではそれほど強い影響力を持ちませんでした。
　このような歴史を経て、

もともと異なる二つの言語を土台にして、膨大な語彙量を誇る今日の英語という言語が生まれた

のです。

古ノルド語が語源の「hard(ハード：㊟)」という語と、ラテン語が語源の「difficult(ディフィカルト：㊟)」という語はたがいに置き換えが可能な単語です。この二つは「難しい」というまったく同じ意味の形容詞です。

つまり、「English is hard.」と「English is difficult.」という文章はまったく同じ意味になります。

まったく同じ意味の単語ならば、時を経て、どちらか一つは消えていくのではないかと思いますよね？　しかし、そうはならなかったのです。

だから英語はhardなのです。だから英語はdifficultなのです。

似たような例を8つほどリストアップしましょう。

古ノルド語語源	ラテン語語源	意味
house(ハウス)	＝residence(レジデンス)	家、住居
answer(アンサー)	＝reply(リプライ)	答え、答える
ask(アスク)	＝enquire(エンクワイア)	聞く、尋ねる
smell(スメル)	＝odor(オウダー)	匂い、臭い
sweat(スウェット)	＝perspiration(パースピレイション)	汗
freedom(フリーダム)	＝liberty(リバティ)	自由
forgive(フォーギヴ)	＝pardon(パードン)	許す
lawyer(ロイヤー)	＝attorney(アトーニイ)	弁護士

語彙の半分はラテン語だが、
使われるのはアングロ-サクソン語

　しかし、この英語の特徴に関する不可解なパラドックスがあります。

　英語の語彙の半分以上はラテン語(あるいはギリシャ語経由でラテン語に入った言葉)が語源です。一部の学者によるとその割合は60％にもなると言われています。しかし、現代英語では数的には少ないアングロ-サクソン語が語源の単語のほうが、ラテン語が語源の単語よりもはるかに頻繁に使われているのです。

　私は、このパラドックスを学生たちに説明する際に、よく、
「英語の最頻出単語100個のうち、何割がラテン語が語源で、何割が(古ノルド語を含む)アングロ-サクソン語が語源か？」
と聞きます。

　繰り返しになりますが、「単語の数でいうと、アングロ-サクソン語が語源の単語よりも、ラテン語が語源の単語のほうが多い」ということを頭に入れてください。

　答えは、「100％、アングロ-サクソン語が語源」です(一部の調査では99％、つまり100語中99語がアングロ-サクソン語由来という結果もありますが、ほぼ100％がアングロ-サクソン語由来というのがほとんどの研究者の見解です)。

　つまり、英語のボキャブラリー全体の60％をラテン語が語源の単語が占めているにもかかわらず、英語のネイティブスピーカーが最もよく使う100の単語はすべてアングロ-サクソン語が語源で、ラテン語が語源の単語は一つも入っていないのです。

　これが英語の重大なパラドックスです。

STEP 1 日本人が知らない、英語がたどった複雑な歴史を知る

アングロ-サクソン語が語源の語はシンプルだが日本人には難しい

　では、アングロ-サクソン語が語源の英単語の例をいくつか挙げてみます。

　おわかりでしょうか、アングロ-サクソン語が語源の単語のほとんどは一音節の短い言葉です。次のリストの単語は、すべてそうです。

　　a(一つの)、all(すべて)、are(〜である)、ask(聞く)、back(後ろ)、bad(悪い)、bird(鳥)、bite(噛む)、cat(猫)、child(子供)、come(来る)、dark(暗い)、deep(深い)、drink(飲む)、eat(食べる)、earth(地球)、end(終わり)、foot(足)、fly(飛ぶ)、fun(楽しい)、grave(墓)、green(緑)、hand(手)、health(健康)、heart(心臓)、house(家)、I(私)、if(もし)、in(中に)、job(仕事)、keep(保持する、続ける…)、king(王)、know(知る)、land(土地)、late(遅い)、leg(脚)、life(人生、命)、light(火をつける、明るくする、軽い)、make(作る)、meat(肉)、milk(牛乳)、moon(月)、name(名前)、own(自分の)、path(道、経路)、quick(早い)、read(読む)、sky(空)、stone(石)、take(取る、連れて行く…)、tree(木)、up(上へ)、what(何)、where(どこ)、who(だれ)、wood(木、森)、you(あなた)、young(若い)....

　あとからやって来た新しい言語であるラテン語が、ネイティブスピーカーの「マインドセット」にすでに定着していたこれらのアングロ-サクソン語単語に取って代わるなどということは、なかなか想像できません。なぜなら、見てもわかるとおり、これらの単語は「短くて、言いやすい」からです。

　しかし、実は、ネイティブスピーカーにとっては便利なはずのこれらの「アングロ-サクソン語が語源の英単語」こそが、日本語の

ネイティブスピーカーにとっては非常に厄介なのです。

　理由は、「それぞれの母音の発音に微妙な違いがある」からです。

　つまり、発音が少しでも違ってしまうと、相手に理解してもらえないかもしれないのです(この点については、STEP 5 でまたお話しします)。

ラテン語が語源の単語は
長くて複雑だが日本人にはわかりやすい

　では、今度はラテン語が語源の英単語を見てみましょう。

　　　agriculture(農業)、desire(欲望)、feminine(女性的)、fiction(フィクション、創作)、figure(形、図、数字…)、grateful(感謝する)、liberal(自由主義の、寛大な)、miracle(奇跡)、patriotic(愛国的な)、popular(人気の)、problem(問題)、scholar(学者)、satisfy(満足する)、transportation(運送、乗物)、urban(都会の)....

　もう違いがおわかりでしょう。

　ラテン語が語源の単語は、長くて母音の数が多いものが主流です。これらの単語のスペルと意味などは、ロマンス諸語に属するイタリア語やフランス語の単語によく似ています。そしてラテン語が語源の単語は、アングロ-サクソン語が語源の単語よりも、概念的な言葉が多いのです。

　ラテン語が語源の単語は、長くて概念的なことが多く、英語を学んでいる途中の日本人には難しい単語だと思われがちですが、実際は、STEP 3 で説明しますが、よりやさしい単語だということができるのです。

　西暦1100年〜1500年頃に使われた「中英語」は、さらに多くの宗教や学問に関する言葉をラテン語から取り入れました。しかし、

STEP 1　日本人が知らない、英語がたどった複雑な歴史を知る

　14世紀半ばまでには、中英語がイングランドに定着することが確実になります。そして、権力や影響力を失ったノルマン-フランス語は過去のものとなっていきました。
　1350年までには、学校教育は中英語で行われるようになり、その後まもなく、イングランドの最も偉大な作家のひとりであるジェフリー・チョーサーが、代表作『カンタベリー物語(The Canterbury Tales)』を中英語で書くことになるのです(この作品は、1476年にイングランドで初めて印刷機を使って印刷された本です。当時の活版屋のほとんどがロンドンにあったために、イングランド南東部の方言がイギリス英語の「文学標準」となったのです)。

英語を料理にたとえると「ラザニア」のようなもの

　ではここで、アングロ-サクソン語と、語源的にはラテン語の要素からなる「英語団地」の比喩はちょっと横において、今度は英語をとても美味しいイタリア料理の「ラザニア」にたとえてみましょう。
「アングロ-サクソン語」の肉、オイル、小麦でできた板状のパスタに、「もともとラテン語が語源の言葉」のチーズ、トマトを加えて、何世紀もの間に英語に影響を及ぼした「他の多くの言語」というハーブやスパイスをふりかけます。
　オーブンに入れる前の様子を見ると、それぞれの食材はまだばらばらで、とても一つのものにはなりそうにありません。でも、時が流れ、人々がこの言語を使い、同化していく過程は、高温のオーブンのようなものです。このオーブンのなかで、この不思議な食材の組み合わせが、一つの美味しい料理になるのです。
　しかし、この「英語ラザニア」を美味しく食べるには、どんな食材が使われているのかを知っていなくてはなりません。みなさんは、食べる側のお客さんであると同時に、作る側のシェフでもあってほ

しいと思います。

ということで、次にこの「英語ラザニア」の材料の見つけかたと、その材料をどのように調理すればいいのかを詳しく見ていきましょう。

その前にもう一度繰り返します！　まずは、

英語は、世界の主要な言語のうち、最も難しい言語の一つである

という客観的な事実を認め、しっかり覚悟を決めてから取りかかる必要があります。

でも、この「英語」をどのように料理してやればいいかを知れば、五つ星レストランのシェフのように、みなさんが美味しい「英語ラザニア」を作るのも夢ではありません！

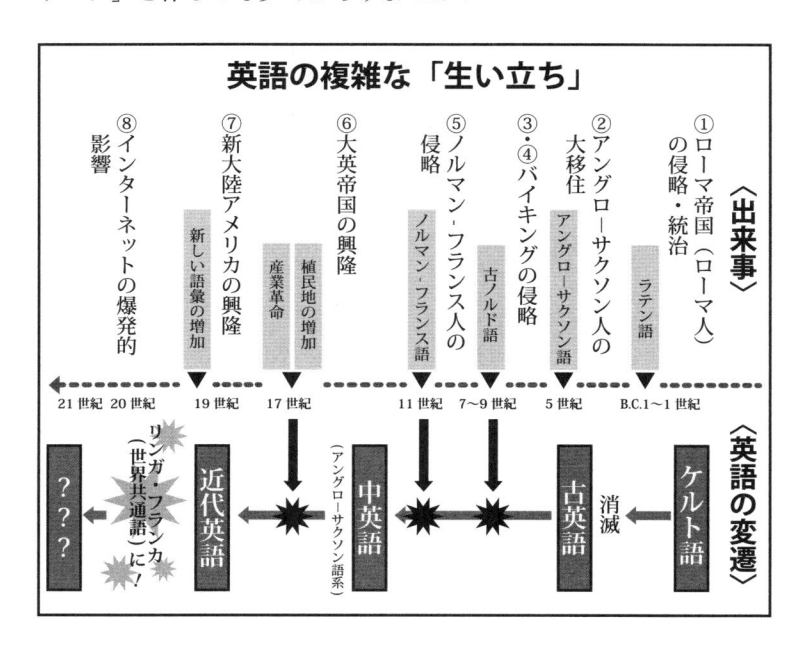

英語の複雑な「生い立ち」

〈出来事〉

① ローマ帝国（ローマ人）の侵略・統治 — ラテン語 — B.C.1～1世紀
② アングロ・サクソン人の大移住
③・④ バイキングの侵略 — アングロ・サクソン語 — 5世紀
　　　　　　　　　　　　　　古ノルド語 — 7～9世紀
⑤ ノルマン・フランス人の侵略 — ノルマン・フランス語 — 11世紀
⑥ 大英帝国の興隆 — 植民地の増加 — 17世紀
⑦ 新大陸アメリカの興隆 — 産業革命／新しい語彙の増加 — 19世紀
⑧ インターネットの爆発的影響 — 21世紀 20世紀

〈英語の変遷〉

ケルト語 → 消滅
古英語 → 中英語（アングロ・サクソン語系）→ 近代英語 → リンガ・フランカ（世界共通語）に！→ ？？？

STEP 2

英語は「文字」ではなく、「音」と「イメージ」から学ぶ

「言葉。言葉。言葉。」
————ウィリアム・シェークスピア、「ハムレット」(第二幕第二場)より

I'm getting married in the morning!
Ding dong! The bells are gonna chime.
"My Fair Lady"

「朝になったら結婚式だ!
キーン・コーンと鐘がなるぞ。」
————マイ・フェアレディ

言葉の「意味」と「発音」は、
常に時代とともに変化していく

　シェークスピアの没後わずか15年目の1631年に生まれたイギリスの偉大な詩人、劇作家、風刺作家であるジョン・ドライデンは、次のように書いています。
「シェークスピアの没後、英語はずいぶんと変わり、彼の言葉の多く、そしてフレーズのもっと多くは、ほとんど理解できなくなってしまった」

　言語はなぜそんなにすぐ変わってしまうのでしょうか？
　まるで、それぞれの世代が独自の言語を生み出す必要性を感じているかのようですね。実は、それも理由の一つなのです。いつの時代も、若者世代は自分たちと前の世代を区別したがるものです。若者は「自分たちは新しく、今までとは違う世代なのだ」と感じたがるものです。
　そして親や祖父母の世代は、すぐに、若者たちの新しい慣用句や言葉遣いを批判します。なぜなら若者たちの使う新しい言葉はその世代を困らせたり、怒らせたりするからです。
　でもそれこそが若者が求めていることです。「上の世代を困らせたり怒らせたりできないようじゃ、自分たちはダメだ」というふうにすら感じるのが若者なのです。
　同じことが、アメリカ、日本、ロシア、中国、そしてきっとすべての国で起こっています。
　そして、同じことが古代ローマでも世代を超えて繰り返されてきました。
　ただし若者の反抗が、言語が変化する理由のすべてではありません。
　実際、言語がほとんど変わらなかった時期もあります。
　言語とは、このように「進化」するのです。

しばらくの間は変化が少なく、大体「前のままに」使われます。
　しかし、ある時点で飛躍的な進化が起こり、それまで積み上げてきた特徴や表現を捨てて、新しいものを作り出したり、何十年、何百年も使われていなかった言葉に完全に新しい意味をあたえて復活させたりするのです。
　たとえば、nice(ナイス：㊡よい、素晴らしい)やawful(オーフル：㊡恐ろしい、ひどい)などのシンプルな単語も、もともとはまったく違う意味でした。
　niceという単語は、ラテン語で「無知な」という意味の単語が語源です。英語に取り入れられた当時の意味はfoolish(フーリッシュ：㊡愚かな)でした。
　一方、awfulは、もともと「full of awe(畏敬の念に満ちている)」という意味で、今一番トレンディな単語の一つで「素晴らしい」という意味で使われているawesome(オウサム：㊡すごい、最高な)に近い意味だったのです。

　他にも途中で意味が変わった単語をいくつか挙げてみます。
　gay(ゲイ)はもともと「陽気な」という意味でしたが、現在は同性愛の性的嗜好を表す言葉になっています。
　cute(キュート：㊡かわいい)はacute(アキュート：㊡)が縮められたもので、もともとは現在のacuteと同じ「鋭い、鋭敏な」という意味でした。
　古ノルド語から英語に取り入れられたpretty(プリティ：㊡きれいな)という単語は、もともとは「ずる賢い、抜け目のない、うそつきの」という意味でした。現在の「きれい、かわいい」とはずいぶん意味が違いますね。
　英語でよく使われるbully(ブリー：㊄いじめっ子)という単語も、最初は「ダーリン、恋人」というほとんど正反対の意味を持つ言葉でした。
　なんという逆転でしょう！

その後「いいヤツ」という意味を経て、現在、残念なことにメディアで耳にすることが多い「いじめっ子」という意味になりました。
　昔のポジティブな意味は、少々古くさい表現ですが、今でもよく皮肉的に使われている「bully for you（いいねぇ！　よかったじゃないの？）」というフレーズにそのなごりをみる程度です。

　意味だけではなく、発音が変化する単語もあります。
　英語では、「to eat humble pie」というフレーズがよく使われます。
　意味は「屈辱を味わう」です。
　この意味から考えると、humble（ハンブル：㊟謙虚な）という単語が使われているのは当然に思えます。しかし、昔は違う言葉が使われていました。
　このフレーズは、もともとは「**to eat umble pie**」だったのです。
　umble（アンブル：㊟）は、今やもうあまり使われない言葉ですが「動物の内臓」という意味です。すなわち、「動物の内臓を食べなくてはならないという屈辱」が本来の意味であって、humbleとはまったく関係なかったのです。
「発音が変わる」というこの現象は日本語でも起こっています。
　日本語には「羽目を外す」という表現がありますね。
　でも、「なぜ『羽目』という単語が使われているのか？　なぜそれを『外す』と表現するのか？」と考えてみたことはありませんか？
　実は、昔は「羽目」ではなくて「馬銜」だったといわれています。
　馬の口に噛ませる棒状の金具のことで、これを「外す」と馬は興奮して走り回るかもしれません。これなら納得ですね。
　ではなぜこのように発音が変わって、その結果として漢字も変わってしまったのでしょう？
　おそらく「馬銜を外す」というよりも「羽目を外す」のほうが人々にとって言いやすくわかりやすかったからでしょう。もしくは、「馬銜を外す」を早口で言うと「はみ」よりも「はめ」に聞こえたからかもしれません。もしくは、人は「はみ」をつけないからなのかも

しれません。
　結局のところ、

**　　言語とは「音」である**

　ということです(後ほどSTEP 5でお話しする、「ジェスチャー」という「言葉によらない言語」は例外です)。つまり、まず、

**　　「英語特有の『音』に対するフィーリング(マインドセット)」
　　を身につける**

ことこそが、ペラペラ山の急勾配を前進するための原動力となります。
　そして、みなさんが「英語の『音』のマインドセット」をマスターすることができれば、頂上までの道のりのすでに半分近くは登ったことになります。

英語の単語には、「つづり」からは推測不可能な発音が無数にある

　この章の冒頭に、シェイクスピアの「言葉。言葉。言葉。」というフレーズを引用しました。しかしこれは、言葉の「意味」についてだけ言及しているのではありません。
　前述したように、言葉には、「音(響き)」という、もう一つの非常に重要な要素があるという意味も含まれているのです。
　英語の音(響き)は、アングロ-サクソン語とラテン語という、大きく二つの異なる言語の源泉から取り入れられたものを組み合わせているため、とても複雑で、「表音的」でない(表記[つづり、スペル]と発音が一致しない)場合が多々あります。
　私が習得した日本語、ロシア語、ポーランド語の三つの外国語は、すべてが「表音的」な言語です。つまり、これらの言語では、ほとんどすべての単語は文字で書かれたとおりに発音すればよいという

ことです。
　ところが、きわめて厄介なのは、

英語の単語には、
つづり（スペル）からは推測不可能な発音が無数にある

ということです。
　まさに「発音」という意味のpronunciation（プロナンシエイション）という名詞も、その動詞形であるpronounce（プロナウンス）になると、微妙に発音が変化してしまいます。
　ネイティブスピーカーにとってもこの違いを発音することはひと苦労で、名詞形のpro**nun**ciationを、間違って動詞形と同じ「ナウ」の音で発音してしまう人が大勢います（でも実際は、名詞形のpro-nunciationには、最初の「n」の後に「o」が入っていませんね）。
　これと同じパターンで発音が変わる単語の例を、二つ挙げてみましょう。

　　　clear（クリアー：㊑明らかな）
　　　　　　↓
　　　clarify（クラリファイ：㊚明らかにする）

　　　example（エグザンプル：㊈例）
　　　　　　↓
　　　exemplify（エグゼンプリファイ：㊚〜を例で示す）

　もっと一般的なのは、同じ品詞でも「語形」が変わると発音が変わるパターンです。

　　　wo**man**（**ウーマン**：㊈：「女性」の単数形）
　　　　　　↓
　　　wo**men**（**ウィメン**：㊈：複数形）

hear（ヒア：動「聞こえる」の現在形）
　　　　　　↓
　　　heard（ハード：動過去形）

日本人にとって英語が難しいのは、日本語にはない「母音」が多いため

　日本人にとって特に難しいのは、英語の「母音」の発音です。
　なぜかというと、**英語の母音の発音には、日本語の５つの「あえいおう」にはない発音がある**からです。
　以下の母音の発音は特に難しいと思います。

　　　hit（ヒット：動たたく。heat[熱]のほうは、ヒート）
　　　law（ロー：名法、規則）
　　　wood（ウッド：名木）
　　　whey（ウェイ：名乳清［チーズ製造の際に後に残る水のような液体］）
　　　gun（ガン：名鉄砲、銃）

　実は、単語が短ければ短いほど、発音の間違いが目立ち、誤解を招きます。
　膨大な単語数に加えて、この「発音の難しさ」という英語の性質は、日本人にとっては異質で馴染みのないものです。
　日本人にとって英語の日常会話ですら理解するのが難しいのは、この英語の音の性質が最大の障害になっているからだといっていいでしょう。

STEP 2 英語は「文字」ではなく、「音」と「イメージ」から学ぶ

接しあう単語の発音同士がくっつく、英語の「連接」という作用

　英語の発音に関する性質を理解してもらうために、一般的な4つの単語の例を挙げてみます。
　orange（オレンジ）という単語はだれでも知っていますね。そして熱心な野球ファンの多い日本のみなさんなら、umpire（アンパイア）という単語と意味も知っていると思います。さらに、今では完全に日本語化している「エプロン」という言葉は、英語のapron（**エ**イプロン：㉔）がほぼそのまま使われた外来語です。
　しかし、この三つの言葉は、最初は今と違う形をしていたことをご存知でしょうか？
　実は、フルーツのorangeはもともと、一番前に「n」がついて「norange」（ノーランジ）というスペルの単語だったのです。スペイン語でオレンジは「naranja」（ナ**ラ**ンハ）です（アメリカのフロリダ州のマイアミの近くに「Naranja」という名前の町があります。そこには事実、昔オレンジ畑がありました）。
　同様にumpireも、最初は一番前に「n」がついた「numpire」（**ナ**ンパイア）というスペルの単語だったのです。
　apronも同じです。もともとは「napron」（**ネ**イプロン）というスペルと発音の単語でした。
　しかし、ここで大きな疑問が生じます。
　もともとapronの冒頭にあった「n」の文字は、いったいどこへ行ってしまったのか……？
　答えは、英語に特有のaとかanなど、物を数える「冠詞」との関連性にあります。
　「napron」の「n」は、「a napron」だったのが、左にある冠詞の「a」とくっついて、「an apron」になったのです。
　なぜそんなことが起こったのか？
　それはこの単語の発音のせいです。この単語に冠詞をつけて発音

すると、「a napron（ア・ネイプロン）」となります。「a numpire（ア・ナンパイア）」や「a norange（ア・ノーランジ）」もまったく同じです。

　この三つの単語についていうと、母音の「a」の次に子音の「n」で始まる単語がくっついて発音されてしまったために、この言葉を書くときに本来のスペルがわからなくなってしまい、「n」が左に動いて冠詞「a」にくっついてしまったのです。

　この現象は、言語学の分野では**「連接（ジャンクチャー）」**と呼ばれるもので、**接しあう文字の発音が「連結」**することを意味します。

　みなさんもよくご存知の英単語のうち、上とはまったく逆のプロセスでスペルと発音が変化したものは「nickname（ニックネーム）」という単語です。

　この単語は、冠詞も含めると、もともと「an eke name」というスペルと発音でした。「eke」は今はもう使われていませんが「もう一つの、別の」という意味の単語でした。

　先ほどの例と同じように、「an eke name」の「an」の「n」が今度は右の単語「eke」にしてくっついて「neke」になり、さらにそれが「nick」というスペルと発音に変化しました。

　これは、その言葉の音を「書き言葉」にしたときに起こった「まちがい」の例です。

　なぜこのような「まちがい」が起こったかというと、スペルから見て、それぞれの語の発音の違いを認識できないからです。つまり、a napronとan apronは、まったく同じように発音します。ですから、この単語を書くとなると、どちらが「正しい」かは、「それぞれのときの気まぐれ」で決まってしまうのです。ですから、apronのような例もあれば、nicknameのような例もあります。

「連接」は、重要な「英語のマインドセット」の一つである

STEP 2 英語は「文字」ではなく、「音」と「イメージ」から学ぶ

「話し言葉」としての英語において最も特徴的なのは、前述のように、フレーズのなかのいくつもの単語同士の発音が自然にくっついてしまうことです。

でもそうすると、まったく違う意味の文章なのに、同じ発音になってしまうことがあります。

たとえば、

 I scream.
 （私は叫ぶ。）

と、

 Ice cream.
 （アイスクリーム。）

というような場合です。

おわかりのように、両者は発音がまったく同じですが、意味はまったく違っています。I screamは「連接」のないふつうのセンテンスですが、ice creamの場合、iceの語尾のceと、creamがくっついて（「連接」して）cecreamになり、どちらも「音」の上では、「アイスクリーム」となってしまうのです。以下のセンテンスも同じような例です。

 that stuff
 （その物、その話）

 That's tough.
 （それは大変だ！）

この二つも意味は全然違いますが、発音はどちらも「ザッツタフ」です。

上の最初の文のthatの最後のtと、次に来るstuffのsがくっついて「ts（ツ）」と「連接」するからです。

しかし、この「連接」という英語特有の「マインドセット」は、英語を話すときには非常に重要な要素です。ネイティブスピーカーは、必ずこのように話します。
　一方、この「マインドセット」を知らない日本人が英語を話すときは、単語を一つ一つ分けて発音する傾向があります。その結果、リズム感のない、堅苦くて流暢でない英語に聞こえてしまうのです。
　しかし英語で話すときには、このように一つ一つばらばらに発音していては、いつまでたってもネイティブスピーカーのようには英語がしゃべれません。
　日本の公共放送局の名称「NHK」は、以前は「エヌ・エッチ・ケイ」と発音されていましたが、今ではどんな日本人でも「エネッチ・ケイ」と「連接」して発音することが多いですね。英語では常にそのように発音しないと、とても不自然に聞こえてしまうのです。
　では、次に英語でこの簡単な文章を読んでみてください。

　　　I want an apple.
　　　（私はリンゴがほしい。）

　日本人の多くはこの４つの単語をかなりはっきりと分けて、明瞭に、

　　　アイ　ワント　アン　アップル。

と発音してしまうのではないでしょうか。
　しかし、英語のネイティブスピーカーの99％は、絶対にそのようには話しません。こう、はっきりと分けて発音すると、まるでリンゴを「強く要求している」ように聞こえてしまうからです。
　ネイティブスピーカーが発音するときは、ある単語の語尾の次に、母音で始まる単語が**続いた場合**(この場合は、want＋an＋apple)、**必ず「連接」が起こり、**

>　　　I wan tanapple.
>　　　アイ・ワン・**タナ**ップル。

となります。
　繰り返しますが、日本人の英語が「堅苦しい」「フォーマル」だと言われる大きな理由の一つは、この「連接」することに慣れていない、日本人の「日本語のマインドセット」そのままの発音方法のせいです。
　同様に、日本人が、ネイティブスピーカーの話す英語をなかなかすんなりと理解できない大きな理由の一つも、この「英語のマインドセット」の「連接」という大きな「音」の特徴に慣れていないからです。
　私がみなさんに守っていただきたい最初のルールの一つは、

**　　日本語のように、英語を話そうとしないこと！**

です。
　「英語のマインドセット」を意識して、ぜひネイティブスピーカーのように「連接」して話す努力をしてください。いまだに英語が苦手な日本人の多くにとって最も重要なことの一つは　英語のネイティブスピーカーがするように、

**　　言葉をつなげて（連接して）発音する**

ことです。
　そうやって、しっかり意識しながらそれを行っていけば、「英語のマインドセット」が徐々に身についてきます。

「オワ・タナ・サイアム」の本当の意味は？

　私が子供のころ、当時の子供たちがこの英語の「連接」の特徴を

逆手に取って大人に言ったジョークを覚えています。大人たちに、「今から言う『言葉』を繰り返してみて！」と言うのです。

　　　Owa tana Siam（オワ・タナ・サイアム）

　この三つの単語は、実際にはまったく意味をなさないのですけれど、Siamは「ペルシャ」の古い呼び方だということもあって、まるで呪文かなにかのように意味ありげに聞こえるのでしょう。その思惑どおり、大人たちが「Owa tana Siam」と言うと、子供たちはもう喜んで大笑いです。

　　　オワ・タナ・サイアム！

このままでは意味があるようには聞こえませんが、実はこのフレーズを正しい英文に変換してみるとこうなります。

　　　Oh what an ass I am.
　　　（ああ、なんて私はマヌケなんだ！）

　この「英語の発音のマインドセット」によって起こる現象をしっかり意識して英語を話せるようになれば、「マヌケ」などと呼ばれることもありませんし、いつかネイティブスピーカーのように発音できるようになります！

　「英語耳」を育てるために役立つ「連接」のよい例をほかにもいくつか紹介したいと思います。まさに次の「good example(よい例)」がよい例になります。

　　　good example
　　　グッ・ディグザンプル

　　　We are all adults.（われわれはみんな大人だ。）
　　　ウィア・ロー・ラダルツ

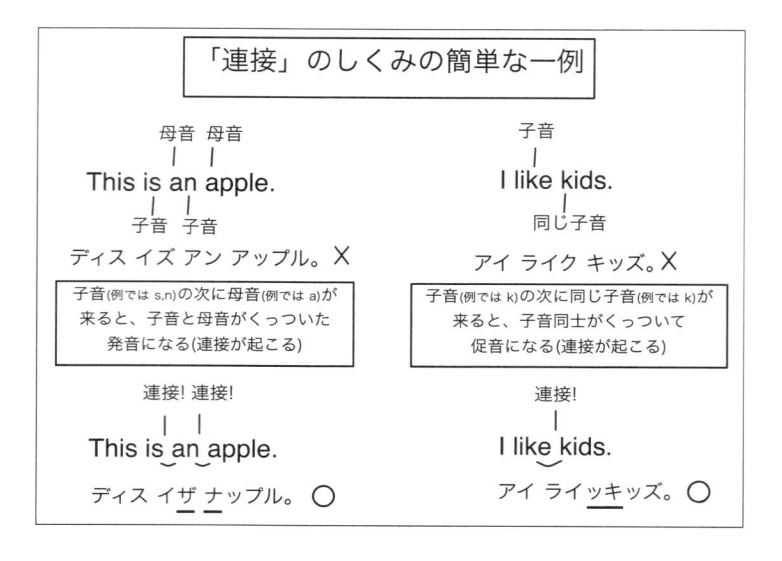

STEP 2 英語は「文字」ではなく、「音」と「イメージ」から学ぶ

「連接」のしくみの簡単な一例

母音 母音
｜ ｜
This is an apple.
｜ ｜
子音 子音

ディス イズ アン アップル。✗

子音(例では s,n)の次に母音(例では a)が来ると、子音と母音がくっついた発音になる(連接が起こる)

連接! 連接!
｜ ｜
This is an apple.

ディス イザ ナップル。〇

子音
｜
I like kids.
｜
同じ子音

アイ ライク キッズ。✗

子音(例では k)の次に同じ子音(例では k)が来ると、子音同士がくっついて促音になる(連接が起こる)

連接!
｜
I like kids.

アイ ライッキッズ。〇

　　So let's not act like kids.（だから、子供のような振る舞いをやめよう。）
　　ソー・レッツ・ノッ・タクト・ライ・キッズ

そしてもう一つ、

　　I hope I can speak English.（英語ができるようになるといいね。）
　　アイ・ホウ・パイ・キャン・スピー・キングリッシュ

おわかりでしょうか?

　ここに示したように、英語のネイティブスピーカーは、**ある単語の次の単語が母音ではじまる場合、前の単語の末尾と次の単語の頭（母音）をつなげて発音します。**

　また、like+kidsのように、**前の単語の末尾と次の単語の頭が同じ子音（この場合はk）であれば、日本語の「ッ」のように促音に変**

化させて発音します。
　言うまでもないことですが、英語をカタカナで書かれているように発音しようとすると、どうしても日本語のアクセントになってしまいます。
　日本語のアクセントが悪いと言っているのではありません。そして、日本語のアクセントが恥ずかしいなどと思う必要はちっともありません。
　繰り返しますが、**英語のネイティブスピーカーも含めて、英語を話す人にはすべて、アクセント(訛り)がある**のです。
　ただ、英語を話す人の多くは日本語のアクセントの英語に慣れていないので、できるだけネイティブスピーカーのアクセントに近くなるように心がけたほうがいいということです。
　そのためには、ネイティブスピーカーの発音をよく聞いて、できるだけその発音を真似てみるだけでいいのです。
　そうすることで、発音だけでなく、英語を話すうえで大切な特性である発音の「自然な流れ」を、ネイティブスピーカーがどのように作りあげているかを学ぶことができます。

英語が厄介なのは
単語がつづりどおりに発音されないことが多いから

　言葉。言葉。言葉!
　言葉には、「音(響き)」と「意味」という二つの特性があります。
　この本で私が「音」にフォーカスしてお話ししているのは、英語を「音の倉庫」と考えて取り組めば、あなたも、まだ読み書きを知らない英語のネイティブスピーカーの子供と同じように、英語を学ぶことができるからです。
　みなさんのために、私が、ハムレットのこの有名なフレーズを書き換えるとすれば、こうなります。

STEP 2 英語は「文字」ではなく、「音」と「イメージ」から学ぶ

音。音。音！

　英語を学ぶとき、その単語の「意味」はしばらく横に置いておいて、まずは「音」として扱えば、ネイティブの感覚で英語を習得することができます。そうすることでネイティブスピーカーの持っている「英語のマインドセット」を身につけることができるようになります。

　実際に、世界中で英語を学んでいる多くの人が、英語の「スペル（つづり）」に苦労させられます。

　たとえば、muscle（筋肉）というスペルの単語は、なぜそのcを発音せずに「**マッスル**」と発音されるのか？　おまけに、その形容詞であるmuscular（筋肉の、力強い）になると、今度はつづりどおり、「**マスキュラー**」になります。

　しかし、このことは英語の歴史を見てみるとすべてわかります。

　この単語は、もともとサンスクリット語から、または古代ギリシャ語からラテン語経由で英語に入ってきました。もともとmuscleのmusは、mouse（マウス：㊗）、すなわちネズミの意味だったのです。当時の人は、腕などの筋肉はどうやらネズミに似ていると思っていたのですね。しかし、ラテン語では、cが真ん中にあったから、そのスペルが英語に影響を与えました。

　このような推測不可能なスペルの最も単純な例の一つは、だれもが知っている「busy（ビズィー：㊗忙しい）」という単語です。

　スペルには「i」と「z」ではなく、「u」と「s」が使われているので、本来なら「ブシー」か「バシー」と発音されるべきです。しかも最初の3文字「bus」だけをとってみれば、「バス」（乗り物のバス）と発音されます。

　「busy」がこのようなスペルになった理由は、イギリス英語に存在する多くの「方言」のせいです。なんと、数km離れただけの地域で方言が違っていることがよくあります。

古英語では「忙しい」は「bysig（ビジグ）」といいました。このスペルであれば、最初の音節が明らかに「ビ」なのがわかりますね。15世紀には、yがuになりました。なぜ母音が変わったか、だれもわかりません。しかし、この単語には、イギリスのミッドランズという地方で少なくとも二通りの発音とスペルがありました。現在のbusyは、イースト・ミッドランズの古い発音につけられた15世紀以来のウェスト・ミッドランズのスペルのなごりなのです。

　また、「berry（㊟ストロベリーのような果実）」とはスペルが全然違うのに、「bury（㊟埋める）」という単語がまったく同じ「ベリー」という発音になったのも同じような理由によるものです。

　発音もスペルも、場所により変わり、時間とともに変化してきました。

　ただ、残念なことに、これまで、スペルと発音がちゃんと合うように、英語をより表音的な言語にするという地道な作業が行われなかったのです。

　実は、そのような運動は何度も起こり、スペルをより規則的なものに体系化しようという試みは何度も行われました。しかし、英語を話す人々はそのような変化に抵抗し、実現しなかったのです。

英単語のスペルの暗記はあと。
まずは「音」を聞いて意味を覚える！

　そのような理由で、今から言うみなさんへのアドバイスのせいで、私は、日本で英語を教えている先生がたの一部からひんしゅくを買ってしまうかもしれません。でもあえて言います。

- ● 少なくとも「話し言葉」の語彙を増やし、マスターするまでは、英単語のスペルの暗記にエネルギーと時間を浪費しない。
- ● 英単語の習得には、スペルではなく、「音」からアプローチする。

STEP 2　英語は「文字」ではなく、
「音」と「イメージ」から学ぶ

　そうすることで、ペラペラ山の頂上にぐっと近づきます。
　英語のスペルは、ずっしりと重い背中のリュックサックのようなものです。それに最近は、スペルチェックをしてくれるコンピュータのおかげで、ネイティブスピーカーでもスペルが滅茶苦茶な人が（なんと、アメリカ人などの英語の先生を含めて）大勢います。
　スペルを正確に覚えるより、なにはともあれ、英語の「音」から語彙を増やすことにエネルギーと時間を注いでください。
　では、次の文章を声に出して読んでみてください。

　　Don't get into a tizzy over the spelling of busy!
　　（busyのスペルに取り乱すな！）

「興奮状態」という意味のtizzy（**ティズィー**：㊗）とbusyが韻を踏んでいますね。そうです。

**英語は「どう書かれているか」ではなくて、
「どう聞こえるか」**

それこそが最も大事なことなのです。

英語は、「音」と「イメージ」を
リンクさせて覚えれば忘れない

　では、ここからはもっと具体的に、「英語の音の世界」を探検してみましょう。
　ここに「throw（スロウ：㊗投げる）」と同じ意味を持つ動詞を9つ挙げてみました。
　それぞれに微妙にニュアンスが違って、その物がどのように投げられたか、どのような軌道にのったのか、どれくらいの重さのものだったのかなどが伝わると思います。
　この「投げる」という意味の9つの単語を、最低でも5回ずつ声に出して言ってみてください。

60

toss（トス）toss toss toss toss
lob（ロブ）lob lob lob lob
heave（ヒーヴ）heave heave heave heave
hurl（ハール）hurl hurl hurl hurl
cast（キャスト）cast cast cast cast
sling（スリング）sling sling sling sling
fling（フリング）fling fling fling fling
pitch（ピッチ）pitch pitch pitch pitch
chuck（チャック）chuck chuck chuck chuck

　すべて、「throw」と同じ、一音節の単語です。
　これらの単語はどれも、ネイティブスピーカーがよく使う単語です。そして、アングロ-サクソン語に起源があります。
　「投げる」という意味のこれらの単語が「ネイティブスピーカーの耳にどのように（ほんとうになにかを投げているように）聞こえているか」という感覚をつかむことができたら、登山に最も大切な道具を手に入れたようなものです。
　では、これらの単語が実際にはどのような状況で使われるのかを一つずつ見ていきます。でもその前に、もう一度言います。

　　まず音！　次に意味！

● **toss（トス）**
　「tossed salad」を考えてみてください。
　日本語ではよく「トスサラダ」と呼ばれますが、レタス、トマト、オニオンスライスなどの食材とドレッシングをボウルのなかで軽く上下に混ぜてあえます。
　tossという語のニュアンスは、「軽くて簡単に投げられる」イメージです。

STEP 2 英語は「文字」ではなく、「音」と「イメージ」から学ぶ

● lob（ロブ）

　lobのニュアンスは、「投げたものが、空気中に高く弧を描くように飛んでいく」という感じです。

　サッカーやテニスの「ロビング」というテクニックをご存知のかたも多いでしょう。遠くのほうにいる相手に向かってボールを蹴ったり打ったりしたら、そのボールは空中に弧を描いて飛んでいきますね。そのイメージです。

● heave（ヒーヴ）

　この単語のスペルを見て、何かに気づきませんか？　そう、実はこのheaveという単語に「y」をつけると、発音が変わり、heavy（ヘヴィ：㊚重い）になるのです。

　つまり、この「重い」というイメージが「heave」のニュアンスです。

　庭の重たい石を投げるのはかなり力がいりますね。

　一例として、「投げる」という意味のいくつかの単語の使い方を、みなさんがイメージできるように説明してみました。

　こうやって一つの単語を、脳のなかで、言葉の持つ「音」と一緒にイメージ化するのはとても大切です。驚異的な記憶力の持ち主がものすごい数の単語を記憶するために使う最も効果的な方法の一つは、心のなかでそれぞれの単語に、一つの絵（イメージ）を結びつけることです。

　先ほど「第一に音！　次に意味！」と言いましたが、

　　　まず音！　次にイメージ！　最後に意味！

と言うべきだったかもしれません。

　これが語彙量を飛躍的に増やし、一度覚えたら忘れない最大の秘訣です。

　古くから言われる「**一枚の絵は一千語に匹敵する**」というのは真

実です。

　イメージが脳のなかでその単語を説明してくれるのです。

　だから、私が外国語を習得するときにいつも肝に銘じていたルールは、これです。

　　　　Listen Look Think！（聞いて、見て、考えて！）

　tossは「サラダ」、lobは「ボール」、heaveは「大きな石」のイメージで覚えてください。

　では、残りの単語についても見てみましょう。

● **hurl**（ハール）

　hurlのニュアンスは、「物を、狙った方向に、力一杯投げつける」イメージです。

　遠くにいる敵に槍を投げつけるというときなどに使います。

　hurlは槍をイメージして覚えてください。

● **cast**（キャスト）

　castのニュアンスは、「物をある特定の方向に強く投げる」イメージです。

　意味的にはhurlに似ています。しかし、一般的には、槍のようなものではなくて、網のようなものの場合に使います。漁師が海に網を投げ入れるという場合にはこの語を使います。

　castは大きな網や釣り糸をイメージして覚えてください。

● **sling**（スリング）

　slingのニュアンスは、「かなり軽いものをおおざっぱに投げる」イメージです。

　たとえば、コインランドリーに行って、汚れた衣服を洗濯機に投げるときなどに使います。

　ですので、slingは「汚れた衣服」のイメージです（ただし、洗濯

物が多いとあまり軽くないかもしれませんけれど)。

● fling(フリング)
　flingはその音と意味が似ています。何かを投げたときに聞こえる「フリング！」という音を想像してください。日本語では「しゅん！」とか「ひゅん！」という言葉だと思いますが、ネイティブスピーカーには、それがこのような音に聞こえるのです。flingは何かが空気中をあっと言う間に飛んでいくイメージです。この単語のニュアンスはこの「速さ、スピード感」です。
　この動詞は、名詞としても使われます。それは「短い情事」という意味です。flingは「不倫」と覚えていたら忘れないかもしれません。「二人は何週間か不倫をしていたが、それは長くは続かなかった」というようなときに使います(厳密には、flingは必ずしも「不倫」ではありません。独身同士でもflingは十分に可能ですから)。
　flingは「情事を楽しんでいる二人を空に投げる」イメージです。
　でも結局、二人は地面に落ちてくる運命です。たぶん、ドスンッと落ちてくるでしょうね。

● pitch(ピッチ)
　pitchのニュアンスは、「何かを力を使って投げる」というイメージです。
　野球でボールを投げる人をpitcher(ピッチャー)と呼ぶのはだれもが知っていますね。
　そのとおり、pitchは「空中を飛んでいく野球のボール」のイメージです。

● chuck(チャック)
　chuckのニュアンスは、「何かをおおざっぱに、よく考えずに、投げる、または捨てる」イメージです。熱したバーベキューのグリルにソーセージをぽんっと投げるというように使います。

また、「chuck *something* out」という表現もよく使われ、「捨てちまえ」という日本語とぴったりです。
　ちなみに、この「捨てちまえ」という日本語は、「捨てる」という言葉の語尾を変化させることで新しいニュアンスを持たせるという例ですね。
　英語ではそうはいきませんから、違う単語を使う必要があるのです。
　英語に膨大な語彙量が必要なのは、まさにこのような理由のせいです。

　ここまで、「投げる」という基本的な意味を持つ9つの単語を見てきました。この9つの単語を、今度は、それぞれの単語の「イメージ」を思い浮かべながら、もう一度、5回ずつ言ってみてください。そうすることで、あなたはこの単語を丸暗記するよりはるかに印象強く学べるでしょう。
　もちろん、そのうち、いくつかは忘れてしまうかもしれません。
　でも、**言語を学ぶプロセスというのは、「学んで、忘れて、また学んで」でよいのです。**
　それでも、ネイティブスピーカーの持つ、その単語の「音」に関する正しいニュアンスとフィーリング（マインドセット）を身につけ、その単語が使われたときに、瞬時に明確な「イメージ」が心のなかで浮かんでくれば、それらの言葉は永遠にあなたのものになるでしょう。

英語の「擬音語」のニュアンスを理解して「英語のマインドセット」を身につける

　この章の冒頭で引用したフレーズのうちの一つは、脚本アラン・ラーナー、作曲フレデリック・ロウによるミュージカル「マイ・フェア・レディ」のなかに出てくる「Get Me to the Church On Time」

という曲の一部です。それを紹介した理由は、このフレーズのなかに「ding dong(ディング・ドング)」という「擬音」が入っているからです。

dingとdongという二つの擬音語で構成されているこの表現は、日本語にすると「キーン」と「コーン」という感じでしょうか。興味深いのは、日本語と英語の両方で、ding(キーン)のほうが、dong(コーン)よりも高い音で表現されるという同じ現象がみられることです。

英語のネイティブの耳にはdongの「o」の音よりも、dingの「i」の音のほうが高いトーンに聞こえます。一方、日本語でも同様に「キ(ki)」の「i」のほうが「コ(ko)」の「o」よりも高い音域にある音に聞こえます。

しかし、おもしろいことに、二つの言語にみられる現象は似ていても、日本語を聞いて育った人の耳と、英語を聞いて育った人の耳では、「自然界」の音はすごく違って聞こえます。

電車が通るときに踏み切りが出す音を、日本語で「ガンガン」と言っても、英語のネイティブスピーカーには、この音がそれを真似ているとはわからないでしょう。

動物の鳴き声の聞こえ方になると、その違いはさらに顕著になります。

英語では、鳥はchirp(チャープ)、chirrup(**チ**ラップ)、tweet(トゥイート)、カエルはcroak(クロウク)で、ロバはheehaw(**ヒーハー**)です。日本語での鳴き声の聞こえ方とはだいぶ違いますね。そして、このような違いは世界中の言語について言えることです。

現在の私たちの日常生活のなかで出くわす「音」の違いはさらに明らかです。

1926年3月に花巻農学校の教員の職を辞した宮沢賢治は、その翌月、賢治の祖父の隠居所として1904年に建てられた別宅で私塾を始めました。この建物は北上川を見下ろす丘に建っており、賢治の自宅からは約1.5km離れたところにありました。賢治は自分自身と

まわりの人々に対して、それまで農学校で教えてきたことを実践して農家としてやっていけるということを証明したかったのです。
　1926年5月2日、賢治は「春」という詩にこう書いています。

　　ぎちぎちと鳴る　汚ない掌(てのひら)を、
　　おれはこれからもつことになる

　賢治が「羅須地人協会(らすちじん)」と名づけ、設立した私塾は、たった7カ月しか続きませんでした。当時の花巻で農民になるのは大変なことでした。そして、賢治は、意志と同じくらい強い身体に恵まれていなかったのです。
　私がこの賢治の詩の一部をご紹介したのは、「ぎちぎち」という擬音語が使われているからです。
「ぎちぎち」という日本語は、何かがこすれ合う感覚を思い起こさせます。この詩の場合は、賢治の掌ということになります。
　日本人がこの「ぎちぎち」という言葉を聞くと、ほとんど直感的に、泥がこびりついた賢治の掌がこすり合わされている音を「感じる」はずです。
　日本語には、「ぎっしり」「ぎっちり」「きっちり」「きちきち」など、何かをこすり合わせる感覚や、複数の物の距離が近い様子を表すよく似た擬態語が他にもたくさんあります。満員電車に乗ったときに感じる「ぎゅうぎゅう」もそうですね。
　また「きちきち」は「時間がきちきちだ」などというように、比喩的にも使われます。
　同じく、英語にもたくさんの擬音語や擬態語があり、それらが比喩的に使われることがあります。
　ここでは、みなさんが英語の擬音語や擬態語やそれを含むフレーズを聞いたときに、「英語のマインドセット」で直感的に理解できるように、英語のフィーリングやニュアンスについて話したいと思います。

STEP 2 英語は「文字」ではなく、「音」と「イメージ」から学ぶ

　まず、章の初めに出てきた歌詞に、もう一つ擬音語があるのですが、どれだかわかりますか？
　答えはchime（チャイム）です。
　chimeという言葉は、「中英語」の時代に英語に加えられた言葉です。この語源は日本語でも同じ呼び方の「cymbal（**シンバル**）」から来ています。
　チャイムの音はシンバルを打ち合わせる音ほどドラマチックではないかもしれませんが、想像できますね。家のドアベルも「チャイム」と呼ばれますが、この単語は名詞でも動詞でもあります。日本人の耳には、「チャイム」という音の響きは、ベルが鳴っているようには聞こえないかもしれませんが、英語のネイティブの耳にはそう聞こえるのです。
　「chime chime chime chime chime」と5回声に出して繰り返しながら、シンバルやベルが鳴る様子を想像してみてください。

　英語で「比喩的に使われている音」の話を始める前に、もう一つ、明らかな擬音語の例を挙げておきましょう。
　西洋諸国でよく売れている「Alka Seltzer（アルカセルツァー）」という制酸薬（胃酸を中和する働きのある薬）があります。水を入れたコップにこの錠剤を落とすと、すぐにシューッと音を立てながら発泡しはじめます。そして錠剤が全部溶けたら、その気泡の入った水を飲むのです。
　このアルカセルツァーは1931年にアメリカで発明、発売されましたが、あまりに人気商品になったので、マーティン・スコセッシ監督の1976年の「タクシードライバー」という映画に登場し、アメリカの有名歌手のサミー・デイビスJr.がそのCMソングを歌いました。
　その一行目のフレーズはこうです。

　　　Plop plop fizz fizz　（プロップ プロップ フィズ フィズ）

plop（プロップ）というのは、「何かが、何かのなかに落ちる」音を真似た擬音語です。同様に、fizz（フィズ）は「発泡する」音を真似た擬音語です。
　このCMのフレーズはとてもシンプルですが、日本人のみなさんにもその光景と音の響きがはっきりとイメージできると思います。
　このように、「**聞く**」と「**見る**」を同時にすることで、**英単語を覚える**ことを心がけてください。
　また、plopは別の意味でもよく使われます。
　たとえば、あなたが友人を訪ねて、彼のオフィスに行ったとします。その友人は忙しそうな様子で、あわてて部屋に入ってきてこう言いました。

　　Plop down. I'll be with you in a moment.

「plop down」というのは、非ネイティブにとっては簡単には意味がわからない「句動詞」（P158～で詳述）の一種です。
　英語の擬音語の説明をする前だったら、みなさんはこの友人の言った「plop down」の意味がわからなかったかもしれませんが、もうplopという単語のフィーリングを知っているので、「plop down」が「sit down（座る）」と同じ意味だということがわかると思います。
　また、図書館のカウンターに本を返却するときなどに、ネイティブスピーカーがこう言うのを耳にするかもしれません。

　　I'll just **plop** it **on** here.

　ここで使われている句動詞は「plop on」です。これは単に「put down（置く）」と同じ意味ですが、本をカウンターに置くときの「音」をイメージした表現です。さあ、日本語ならあなたが図書館のカウンターに本を「ポン」と置くように、アメリカのどこかの図書館で、「**plop on**」を「プロポン」と一語のように「連接」して発音している自分の姿をイメージしてみてください。そうすることで、みなさんは、真の「英語のマインドセット」をよく理解するようになる

でしょう。

　この章では、みなさんに、「日本人の耳」ではなく、「英語のネイティブスピーカーの耳」で「音」を解釈する能力を身につけるために、英語を「音のるつぼ」と捉えてもらいたいと思います。そのためには、みなさんが、

**　　日本語スピーカーとして持っている「音」に対するフィーリングを、一度完全に捨て去る**

ことが絶対に必要です。
　そして次のように、昔も今も日本の学校の英語教育で頻繁に行われている学習法は、もうできるだけしないように心がけてください。

**　　単語のスペルや意味をずらっと並べたリストに頼って、
　　英語にアプローチすることをやめる**

　たとえば、英語では、「-ough-」という4つの文字が含まれている単語が数多くありますが、単語によって全部でなんと9つの異なる発音があります！　これは、すでにお話しした英語の歴史に関係している非常に興味深い事実です。
　でも、それらの単語をリストにして暗記しても、ペラペラ山にはちっとも登れません。それどころか、深いクレバスにまっさかさまに落ちて、二度と這い上がれなくなるかもしれません。
　思い出してください。言語とは、まず、

　　　音。音。音！

なのです。

英語の「擬態語」のニュアンスから
「英語のマインドセット」を身につける

しかし、英語の「音」の性質は、日本語とは違い、自然界にある音を「模倣」するという範囲を超えるものです。ときに、英語の「音」は、ある物体の「状態」を説明するという側面があるからです。
　それが、「擬態語」と呼ばれるものです。
　英語には膨大な量の擬態語がありますが、その「音」は、日本語の擬態語とはかなり違うものなので、日本語のこれまた数多くある擬態語にはしばらく耳を閉じて、「英語のマインドセット」の声を聴いてください。

　日本語でもそうですが、英語の擬態語にも似たような音を繰り返し、韻を踏んでいるようなものがあります。
　たとえば、「ずんぐりむっくり」した人のことを、英語では「roly-poly(ロウリー・ポウリー：⑱)」と言います。
　rolyはroll(ロール：⑩転がる)という単語から来ていて、丸っこい感じが表現されていますね。一方polyは、単にrolyと韻を踏んでいる言葉です。
　しかし、実際は英語の擬態語の「音」は、日本語の「がたがた(の)」とか「ぷんぷん(匂う)」といったような、まったく同じ言葉の繰り返しとは違うスタイルであることが多いといえます。
　今度は、日本語の「がっしりした」という言葉を例にとってみましょう。
　「がっしりした」と聞くと、ほとんどの日本人は「筋肉が隆々とした」「分厚い」「強い」というイメージを思い浮かべるはずですね。でも、残念ながら、日本語を知らない人に「がっしり」と言っても、あなたが何を言おうとしているのか、まったく想像すらつきません。
　「英語をほんとうにマスターしたい」、つまり「英語のマインドセットを身につけたい」と思うならば、英語のネイティブスピーカーがしゃべる英語の「音(響き)」に日本語とは違った共通するニュアンスを、自分のものとして身につけることが必要です。
　日本語の「がっしり」のニュアンスは、英語ではsturdy(スター

ディ：㊒）、あるいはchunky(**チャンキー**：㊒)という単語です。これらの音の響きが、英語のネイティブスピーカーにはそのように感じられるのです。

　もう少し説明を加えると、英語では「大きなかたまり」のことをchunk(**チャンク**：㊂)といいます。もともとは「木材」や「丸太」を意味した言葉でした。たとえば「I ate a **chunk** of pizza.」と言うと、「ピザの**でかい**スライスを食べた。」という印象です。

　また、chunkyには「中身が詰まっている」というニュアンスもあります。それは、この章でイメージ化した「投げる」という意味の単語の一つ、chuck(**チャック**：㊔ポイと投げる)という言葉に由来したものです。このchunkとchuckという二つの言葉は、元をたどれば、両方とも「木材」や「丸太」の意味だったのです。

　chunky、chunk、chuckはすべて英語の擬態語ですが、多くの擬態語がそうであるように、もともとは「擬声語」でした。

　擬態語というのは、「感覚や印象」を「音」で表現した言葉ですが、その感覚の元にあるのは、それぞれの「言語のマインドセット」です。

　そして、この「マインドセット」は、「音から成り立つ態度やフィーリング」です。どうやら「いたちごっこ」みたいなものかもしれませんが、「まず音ありき」は、すべての言語の源なのです。

　同じく擬声語のchuckle(**チャクル**：㊔クスクス笑う)も出どころは同じです。おそらく、「ひよこ」を意味するchick(**チック**)という単語も擬声語でしょう。

　chunky、chunk、chuck、chuckle、chick

　こう並べてみると、どうやら英語に共通する音の特徴が「見えて」きませんか？

　そして、英語の音のフィーリングやニュアンスがわかってきませんか？

　このような「英語特有の『音』(響き)」＝「英語のマインドセット」

に慣れていくにしたがって、みなさんの語彙量は「1個→2個→3個」ではなく、「1個→3個→5個」という具合に確実に増えていきます。

英語は、共通する「音」を持つ単語同士に、共通する「イメージ」「意味」がある

では、ここで「音」に関するネイティブスピーカーのニュアンスとフィーリングを理解するもう一つの例をご紹介しましょう。

次の単語のリストを見てください。すべての単語が「sl-」で始まっています。

slip （スリップ：動滑る）
slide （スライド：動滑る）
slap （スラップ：動ひっぱたく）
slim （スリム：形ほっそりした）
slur （スラー：動[音などを]不明瞭に言う）
slump （スランプ：動落ち込む）
slumber （スランバー：名眠り）
sleep （スリープ：名睡眠）
sleek （スリーク：形すべすべした）
sleazy （スリージー：形だらしがない[元の意味は「薄っぺら」]）
slalom （スラーロム：名回転滑走[スキー競技のスラローム]）
slurp （スラープ：動音を立てて[麺類やスープなどを]すする）
slash （スラッシュ：動さっと切る）
sleet （スリート：名みぞれ）
sludge （スラッジ：名[雪解けなどの]泥）
slush （スラッシュ：名半解けの雪）
sleigh （スレイ：名そり）
slinky （スリンキー：形[動き・姿など]しなやかで優美な）

slit	（スリット：⑩切り込みを入れる）
slope	（スロープ：⑧坂道）
slog	（スログ：⑩コツコツと歩き続ける）

　いきなりたくさんの単語が出てきたからといって、驚かないでください！

　ここでは21の単語を挙げましたが、「sl-」から始まる単語は、他にもたくさんあります。もちろん、これまでに繰り返し述べているように、英単語の意味を「文字（スペル）を見て丸暗記してほしい」と思っているわけではなく、その正反対です。

　すべてがそうだというわけではありませんが、「sl-」という「音」（響き）を持った多くの単語には、ある共通する「イメージ」と「意味」があるということを理解してほしいのです。

　それは「動きの滑らかさ」、あるいは「きれいさっぱりした動作」です。

　興味深いことに、日本語でもたまたま同じように、「すべる」とか「すべすべ」「するする」などのように、「す（ｓ）」の音で始まるいくつかの単語は「滑りやすさ」を連想させますが、英語には、英語特有の「音」と「イメージ」と「意味」の関連性を持った多くの単語があります。

　「sl-」で始まる単語を多用した「**slid**（スリッド：slideの過去形）down the **slippery slope**」というフレーズは、次のようによく比喩的に使われます。

　　The politician took his first bribe and then **slid** down the **slippery slope** of crime until he was flung into jail.
　　（その政治家は、初めて賄賂を受け取ってから、刑務所に放り込まれるまで、危険な犯罪の**坂道を転がり落ちていった**。）
　　（※　下線部分ですが、刑務所に「投げ込まれる」イメージが湧くように、先ほど紹介した「fling」の動詞の過去形「flung

（フラング）」を使っています）

　この21の単語を、その単語の意味に合うように「だれかがなにかをしているイメージ」を心に浮かべながら、5回ずつ言ってみてください。
　そして、イメージはできるだけドラマチックなものにしてください。
　よい行いをしているイメージでなくてもかまいません。たとえば、だれかがだれかの顔をひっぱたく(slap)イメージや、大学の教授会の場で眠り込んで(slumber)しまうイメージとか（これはいいイメージですね！）、悪いヤツが相手ののどを切り裂く(slit)イメージなど、ドラマチックであるほど記憶しやすくなります。
　重要なのは、

　　　　単語の「音」と「イメージ」をリンクさせる

ことです。
　その二つがあれば、「意味」が瞬時に思い浮かび、ずっと覚えておくことができるからです。

「gl-」の「音」で始まる単語には、「光る」イメージとニュアンスがある

　「音」(響き)は、言語を学ぶにあたって驚くべき助っ人になります。
　その代表的な例として、今度は「gl-」というシンプルな音を持つ英単語を例に取って見てみましょう。
　日本語でも「g」と「l」の音が入った「ギラギラ(光る)」という表現がありますが、「gl-」で始まる多くの英単語にも、「光」を表現する共通のニュアンスがあります。次の一連の単語を見てください。

STEP 2　英語は「文字」ではなく、「音」と「イメージ」から学ぶ

glow　　　（グロー：動柔らかく輝く）
gleam　　（グリーム：動光る、輝く、キラリと光る）
glitter　　（グリッター：動[物が光を反射して]ピカピカ光る）
glisten　　（グリスン：動[ぬれた表面が]きらめく、輝く）
glimmer　（グリマー：動チラチラ光る、かすかに光る）
glare　　　（グレア：動ギラギラ光る、目立つ）
glint　　　（グリント：動キラッと光る／名閃光）
glimpse　（グリンプス：動かすかな光を発する、チラッと見える）
glass　　　（グラス：名ガラス、グラス）
glacier　　（グレイシャー：名氷河）

　もちろん、英語には「gl-」で始まる単語はこれ以外にも何百とあり、「光」に関係しているのはそのごく一部ですが、これらの特別な「音の性質」を持つ単語を、この際ぜひ心に刻んでほしいと思います。
　今度もそれぞれの単語を最低5回は声に出しながら、それぞれの意味に合わせて、まぶしい光や、ほのかな明かりなどをイメージしてみてください。それをした後に、だれかが、こう言ったら……。

　　Noriko looks very glitzy tonight.
　　（のりこさん、今夜は**派手**だね。）

　「**glitzy**（グリッツィ：形きらびやかな、派手な）」という単語が「gl-」の「音」で始まることに気づけば、ある程度の意味を推測することができるのではないでしょうか。また、「**glamor**（グラマー：名うっとりさせる魅力、美貌）」という単語もビジュアル化できる「音」を持っています。

「cr-」の音で始まる単語に共通する意味とニュアンスとは

「sl-」の音で始まるslide（スライド：⑩スライドする、滑らかに滑る）、slip（スリップ：⑩スリップする、つまずく）など、また「gl-」の音で始まる gleam（グリーム：⑩光る、輝く）、glow（グロウ：⑩柔らかく輝く）などの単語は、ネイティブスピーカーの耳にはsoft（ソフト：⑩柔らかい）なフィーリングに響きます。
　一方で、「cr-」で始まる単語は、私たちネイティブスピーカーの耳にはhard（ハード：㊗固い）な響きに感じるものが多いのです。
　このよい例は、私の大好きな俳句の一つである、内田百閒の作品に出てくる虫についての言葉です。
　内田百閒は夏目漱石の弟子で、夏目漱石の小説「吾輩は猫である」の贋作（パロディ）である「贋作吾輩は猫である」などを書いた素晴らしい作家です。その俳句をご紹介しましょう。

　　　こほろぎや暁 近き声の張り

　英語訳はこうなります。

　　　　A cricket
　　　　In the breaking day ...
　　　　A voice full of life

　daybreakというのは、dawn（ドーン：㊀暁、夜明け）の別の言い方です。私が「暁」の訳としてbreakingという単語を選んだ理由は、cricketと同じように「r」と「k」の音が入っていて、ダイナミックな「ビジュアル・サウンド」としての特性があるからです。
　ちなみに、私がわざわざこの俳句を例に挙げたのは、この虫の英語名「cricket（クリケット）」が含まれているからです。
　この「cricket」という単語は、12世紀に英語に入ってきたものです。12世紀というと、1066年のフランス人の「到着」（P26）の少しあとですね。
　cricketの語源は、「to creak（クリーク：⑩きしむ、キーキーと音を立てる）」や「to crackle（クラックル：⑩パチパチ音を立てる、

STEP 2 英語は「文字」ではなく、「音」と「イメージ」から学ぶ

カサコソ音を立てる)」という意味のフランス語の動詞でした。
　cricket、creak、crackleは、どれも「擬音語」です。
　みなさんもネイティブスピーカーと同じ感覚でこれらの単語に共通する「音」が聞こえるでしょうか？

　　An old rusty door **creaks** in the middle of the night.
　　(古くてさびたドアが真夜中に**きしみながらギーッと音を立てる**。)

　　A fire **crackles**, shooting up sparks.
　　(たき火が**パチパチと音を立てて**、火花を上げている。)

　ドアがcreakする音や、たき火がcrackleする音を「聞き」ながら、この例文のような劇的なイメージをぜひ記憶してください(ちなみに、私が民話「かちかち山」を翻訳したとき、タイトルを「Crackle Mountain」と英訳しました)。
　では、これと同じ「響き」や状態(擬態語)を示す「cr-」で始まる単語をまた見てみることにしましょう。

　　crash　　　(クラッシュ：⑧クラッシュ、衝突)
　　crunch　　(クランチ：⑩バリバリと噛み砕く)
　　cringe　　 (クリンジ：⑩[恐怖などで]縮みあがる、身がすくむ)
　　crack　　　(クラック：⑩ひびが入る、割れる、裂ける)
　　cram　　　(クラム：⑩詰め込む、押し込む)
　　cramp　　 (クランプ：⑩けいれんする、束縛する)
　　cranky　　(クランキー：⑰不機嫌な、気難しい、怒りっぽい)
　　crawl　　　(クロール：⑩ハイハイする、這っていく)
　　crease　　 (クリース：⑩折り目を付ける、しわになる)
　　creep　　　(クリープ：⑩忍びよる、這う、のろのろ進む)
　　crumb　　 (クラム：⑩粉々になる、壊れてくずになる)
　　crooked　　(クルーキッド：⑰曲がっている、屈曲した、ねじれた)

croak	（クロウク：動カエルがゲコゲコ鳴く）
crisp	（クリスプ：形カリカリした、パリパリした）
crimp	（クリンプ：動しわ/ひだをつくる、〜の端を曲げる）
cry	（クライ：動泣く、叫ぶ）

　これらの単語の意味はそれぞれ違いますが、その「音」または「状態」に共通した特性があることがわかるのではないでしょうか。
　たとえば、もしあなたが旅行へ持っていくスーツケースに必要な洋服を全部詰め込もうとしているのを見たら、旅仲間が、

　　　Cram it all in！（全部詰め込んで！）

と言うかもしれません。この表現は普通に「**Put it all in！**」と言うよりも「音」がずっと強くて、より「ビジュアル」的です。
　ちなみに、日本にある学習塾や予備校のことを英語で「**cram school**」と言うことがあります。なぜなら、学習塾や予備校の生徒は、頭のなかにできるだけ多くの知識を「詰め込もう」としているという印象があるからです。
　次にcrispを見てみましょう。
　crispは日本語の「パリパリした」、「パリッとした」、「カリカリした」に相当します。
　また、crispや、その形容詞形、crispy（クリスピー）は食べ物以外にも使います。たとえば、風がcrispだといえば、風がひんやりしていることだし、1ドル札がcrispだと言えば、手が切れるような新札（ピン札）のことです。

　この章で、ある共通した「音」を持った英単語には、同時に、ある共通したイメージとニュアンスがあることが、ある程度わかっていただけたのではないかと思います。
　もちろん、まだ「ペラペラ山」の頂上までの道のりはかなり長いかもしれません。そして、頂上まで登るのが容易ではないことはお

わかりいただけたでしょう。

でも同時に、みなさんはこの登山の難しさを理解して、「正しい装備(十分な語彙や英語の「音」を聞く耳など)を手に入れれば、頂上まで登山を続けられるかもしれないぞ!」ということも理解されたと思います。

　　言葉。言葉。言葉!
　　音。音。音!

それがすべてです。
あるいは、そうでもないのかな……?

STEP 3

語彙を飛躍的に増やす、日本人のための「1-3-5メソッド」

"I know grammar by ear only ... not by the rules."
                                                    Mark Twain

私は文法のルールなど知らないが、そんなことは、耳で聞いてればわかることだ。

───────マーク・トウェイン

大英帝国の発展とともに英語の語彙は激増し、ついに「近代英語」が確立された

　少々話が戻りますが、STEP 1では英語の荒々しく劇的な生い立ちが、どのように英語特有の「二重人格」につながったかを見てきました。しかし、そのおかげで英語は膨大な数の実用語彙を得て、人々に英知を与えてきたのです。

　そして近代になり、人々の「リテラシー(読み書きの能力)」が上がるにつれて、自分の気持ちや考えを他人に伝えるために学んで使いこなさなくてはならない実用語彙がさらに増えました。

　つまり、今、英語を学ぼうとしている日本のみなさんも、英語を確実にマスターするためには、この英語の「二重人格の性格」について理解することが不可欠です。

　イギリスが海洋国家として台頭し、超大国として発展することになり、英語の常用語彙はどんどん増えました。**大英帝国がその支配を拡大するにつれて、いくつもの外国語から大量の言葉が英語に取り入れられ、使われるようになったのです。**

　このように英語の語彙が最も急激に増えたのは、西暦1500年〜1800年のころで、この時代に使われるようになったものこそが、現在私たちが「**近代英語(Modern English)**」と呼んでいる英語です。

　その後、科学革命や産業革命につながった数多くの発明や技術革新、その実用化の多くがイギリスでなされ、これもまた、数えきれないほどの数の新しい言葉をもたらしました。

　さらに英語の語彙を豊かなものにしたのが、イギリスの植民地だったアメリカ合衆国で起こった技術分野や、言語分野でのイノベーションの数々でした。

　そして20世紀の始まりまでに、英語は、ついに「**リンガ・フランカ(世界共通語)**」としての地位を占めようとするところにまで到達しました。

　しかし、英語のリンガ・フランカとしての確立は、これから英語

を学ばなくてはならない世界の何十億人もの人にとって、決して喜ばしい結果とはいえません。フランス語やスペイン語のほうがずっと楽だったでしょう。

なぜなら、この両国も植民地政策をとっていたので、フランス語もスペイン語もすでにだいぶ世界中に広がっていたし、フランス語もスペイン語も英語と違って、「ラテン語」という単一起源の言語で、英語と比べて語彙が少ないからです。

微妙なニュアンスを表現するときの、日本語と英語の決定的な違いとは

ここでぜひ言っておきたいのは「**語彙が多い言語のほうが、少ない言語よりも表現力が豊かな言語であるとは限らない**」ということです。

英語学者の多くが、常用語彙が多いということを根拠に、「英語は他の言語に比べてより表現力が豊かで深みのある言語である」と主張しています。しかし、私は、どの国に住んでいても、すべての人が同じ深さの同じ感情を持っていると思います。

たとえば、

> **日本語では「同じ単語」の一部分や語尾を変化させるだけで、繊細なフィーリングやニュアンスの違いを表現できる。**
>
> **でも英語ではそれができないので、「違う単語」を選ぶという手段によってしか、「ニュアンスの違い」を表現できない。**

のです。

しかし、そのように表現の方法に違いはあっても、表現の豊かさは同じだと思います。語彙の多い言語を使ったからといって、その人が他の言語を使う人に比べて、より表現力に富んでいるとか繊細であるというわけではありません。

STEP 9 語彙を飛躍的に増やす、
日本人のための「1-3-5メソッド」

次のいくつかの日本語と英語の表現の違いを見てください。
日本語ではすべてに同じ「わかる」という単語が使われています。
しかし、それぞれの日本語の表現の微妙なニュアンスの違いを、英語で同じように完璧に伝えるためには、ご覧のように「**まったく違うフレーズを使わなければならない**」のです。

わかりません。	I don't understand.
わからないのよ。	I simply don't follow you.
わかんないって！	I don't know, okay？
彼、わかってないんだ！	He just doesn't get it！
はい、わかりました。	I've heard you and I will do it. （または Yes, certainly.）

当然のことながら、これらの表現はすべて、使われる状況次第で意味が違ってきますが、

日本語では同じ単語(ここでは「わかる」)の一部を変化させて使う。

英語では同じ意味の別の単語を使う。

というまったく違った方法が使われていることがおわかりいただけるでしょう。

10,000語の単語を覚えても、10歳の子供の英語しか話せない

ここでみなさんに「悪いお知らせ」をしなくてはなりません。
英語のネイティブスピーカーではない人が「英語に堪能だね」と言われるレベルになるためには、少なくとも15,000の英単語を知っていなくてはなりません。
「15,000語が必要といっても、それを覚えるのってどれくらい大

変なことなの!?」
　と思われたかたがいるかもしれません。
　一般的に、英語のネイティブスピーカーは、6歳の時点で約6,000語、12歳の時点ではその倍の12,000の数の単語を知っているのです。
　つまり、あなたが10,000語を習得したとしても、まだやっとネイティブスピーカーの10歳児と同じレベルぐらいでしか話せないということです。
　私は、たとえ非ネイティブスピーカーであるにせよ、みなさんにもぜひ15,000語の習得を目指してほしいと思っています。そして、これから、この本で述べる方法をしっかり実践していけば、それはもちろん可能ですし、それほど難しいことではありません。
　また、一般的な英語の成人ネイティブスピーカーは、20,000〜35,000語の語彙量を持っていなければならないとされてます。
　日本語でも同じでしょうが、語彙の量というのは、その人の教育レベル、そして、これが重要な要素なのですが、どのくらい小説や物語などの本を読むかなどによって大きく左右されます。
　このような事実を踏まえていえることは、みなさんが英語を本気でマスターしたいと思うならば、次の三つの最も大切なことを学ばなくてはなりません。
　それは、

　　　1に、ボキャブラリー。
　　　2に、ボキャブラリー。
　　　3に、(すでにお察しのとおり)ボキャブラリー！

　です。英語の習得に絶対必要な最大の要件の一つは、やはり次のことにつきるのです。

　　　言葉。言葉。言葉！

　はっきり言いますが、その他の要件はほとんど問題ではありません。

STEP 3 語彙を飛躍的に増やす、
日本人のための「1-3-5メソッド」

　この時点で、すでに「15,000語も覚えるなんて、とても無理！」とギブアップしつつあるかたがいらっしゃるかもしれません。でも、私を信じてください。
　これからタネ明かしをする英語学習のコツをつかみさえすれば、どんな人でもこれまでよりずっと短期間に語彙量を飛躍的に増やすことができるでしょう。

　日本で売られている英語に関する本のタイトルの多くがそうであるように、
「だいじょうぶ、英語なんて簡単！」
というフリをしてはいけません。
　むしろ逆に、現実に目を向けて、あなたの目の前にそびえたつ山の高さ、すなわち、これからあなたが取り組まなくてはいけない課題をしっかり理解するほうがはるか重要です。
　英語は、決して簡単な言語ではありません。山にたとえるならば、「とても高くて、岩だらけで、傾斜がきつくて、あぶない落とし穴だらけの山」です。でも、コツさえ覚えれば、だれでも頂上まで登り切ることができます。

英語がうまくならないのは
「日本人」だからではなく、学習法が間違っているから

　高い山に登るぞというとき、そのとき着ている服のままで、その山をちらっと見上げただけで、陽気に歌を歌いながら登り始めたりしませんよね？
　そんなことをしたら、歌っている元気で朗らかな歌は、すぐに悲しげな葬送歌になってしまうかもしれません。そして、たいした距離を登ることなく下山することになるでしょう。
　これが、「英語」という高い山に登ろうとする多くの日本人に起こっていることです。そして必ず、「私には語学の才能がないんだ」

と自分を責めたり、「日本人は語学がダメなんだ」と国民性を責めてみたりします。

でもそれは、明らかな勘違いです。日本人であるということが、外国語習得の能力を邪魔するなどということはありません。

もちろん、日本語は世界中のどの言語とも「親戚関係」のない言語なので、たとえばドイツ人やフランス人やイタリア人やロシア人に比べたら、英語を学ぶうえで不利な立場にいるとはいえるでしょう。

でも、英語を学ぼうとする韓国人や中国人やタイ人とだったらスタート地点は同じはずです。

そう言われてもまだ自信がないとしたら、それは今まで正しく英語を教わっていなかったのかもしれません。だとしたら自分を責める必要なんてありません！　あなたのせいではないのですから。

この本をよく読んで、私のアドバイスを深く心に刻んで実行してもらえれば、きっと、自分のせいでなかったということが証明できるでしょう。

まず第一に、高い山に登るには適切な服装や道具や装備が必要です。

でもそれは、もう少しあとの章でご紹介することにして、とりあえずは、みなさんが挑戦しようとしている山についてもっと知っていただきたいと思います。困難は計り知れませんが、それを知れば、より楽に乗り越えていけるからです。

そのために、もう一度ドラマチックな英語誕生のストーリーに戻りましょう。

英語の難しさを理解し、英語を話す人々とコミュニケーションを取れるようになるためには、どうしてもこのストーリーを知っておかなくてはいけません。

16世紀「イギリス・ルネサンス期」に爆発的に増えた語彙

STEP 9 語彙を飛躍的に増やす、日本人のための「1-3-5メソッド」

　すでにSTEP 1で、何世紀もの間に、イギリスの海岸にさまざまな人が「到着（渡来・襲来）」した結果、「英語」という言語ができ上がったという歴史を見てきましたが、その後イギリスがどんどん力をつけ、ヨーロッパおよび世界における強国になり、他国からの侵略がなくなったからといって、英語という言語の自然な変化までもが止まったわけではありません。

　前述のように、「**近代英語**(Modern English)」と呼ばれる英語が使われるようになったのは、西暦1500年〜1800年ごろのことです。このころに英語の構文と語彙に起こった変化は、1066年以降に「アングロ-サクソン語」に起こった変化と同じくらい、大規模で決定的なものでした。

　またこの変化は、19世紀中ごろに、日本が世界に向けて開かれた後の数十年間に日本語に起きた変化といろいろな意味で似ているといえます。

　人々が知識を広げるペースに合わせて、何千何万もの新しい言葉が追加されました。

　1500年ごろからその影響が見られはじめた「イギリス・ルネサンス期」のころの英語と、明治時代の日本語に共通していることですが、それぞれの言語に新しい言葉がどっと流れ込んできたのです。

　これらの新しい言葉は、人々のごくありふれた社会生活でのやりとりから、「象牙の塔」のなかで学者たちが行った哲学や科学の議論や討論まで、あらゆる「学び」を可能にするものでした。

　英語においては、このような新しい言葉には、主に二つの出どころがありました。

　メインは、「ラテン語」と「ギリシャ語」です。

　そして二つめは、「フランス語」をはじめとする他の外国語です。

　16世紀〜17世紀のイギリス人と、19世紀後半〜20世紀前半の日本人は、共に「新しい言葉なくして、新しい知識は得られない」という事実を実感したことでしょう。「新しい言葉」が、人々の成長を可能にしたのです。

便利な接頭辞や接尾辞などが
新しく生まれ、語彙はさらに増加した

　英語に加わったのは新しい言葉だけではありませんでした。「新しいルールによって再生した古い言葉」も登場しました。
　たとえば、「comfortable(カムフォタブル：形快適な、心地がよい)」という単語はすでに使われていましたが、実はその反対の意味を持つ単語は、16世紀末まではなかったのです。
　反対の意味を持つ「uncomfortable」(アンカムフォタブル：形不快な、心地良くない)という単語が初めて文献にみられたのは1592年になってからです。
　これは、もともとあった言葉の頭に、単に「否定」の意味の「接頭辞」と呼ばれる、

　　　un-(アン-)

をつけ加えてできた新しい単語です。
　「接頭辞」とは、さまざまな単語の頭にそれをくっつけることで、それぞれに、ある「共通の意味」をつけ加える語幹のことをいいます。たとえば日本でも、料金前払いカードのことを「**プリペイド・カード**」と言ったりしますが、このプリは「前」を意味する接頭辞「pre-」のことです。
　また「接尾辞」とは、接頭辞とは逆に、さまざまな単語の末尾にくっつけることで新しい意味を付加したり、品詞を簡単に変化(たとえば、名詞→形容詞、形容詞→名詞などに)させたりする語尾の単語のことをいいます。
　上のun-の例のように、すでにあった単語に、この「接頭辞」や「接尾辞」がつけ加えられたことで、何千もの新しい単語が一気に生まれました。
　un-以外にも、現在よく使われている「接頭辞」の代表的なものと、その意味をご紹介していきましょう。

STEP 9 語彙を飛躍的に増やす、日本人のための「1-3-5メソッド」

  ex-(エクス-)　　　…「out」「出る」「出す」の意味を加える
  pre-(プリ-)　　　…「前に」の意味を加える
  pro-(プロ-)　　　…「前へ」の意味を加える
  （※「賛成する」pro-という接頭辞もありますが、この「前へ」を意味するpro-のほうは、proceed（進む、向かう）、promote（促進する、昇進する）、produce（製造する、生み出す）などに使われる接頭辞です。賛成するpro-の説明は、P108にあります）

  re-(リ-)　　　　…「再び」の意味を加える
  con-(コン-)　　　…「with」の意味を加える
  un-(アン-)　　　…「否定」の意味を加える
  in-(イン-)　　　…「否定」の意味を加える
  sur-(サー-)　　　…「上、越える」の意味を加える

　また、「接尾辞」の代表例と、くっついた単語に与える作用には次のようなものがあります。

  -ence(-エンス)　　…単語を「名詞」に変える
  -ment(-メント)　　…単語を「名詞」に変える
  -ness(-ネス)　　　…単語を「名詞」に変える
  -able(-エイブル)　…「〜できる」の意味を加えた形容詞にする
  -ous(-アス)　　　…「〜でいっぱいの」の意味を加えた形容詞にする
  -wise(-ワイズ)　　…「〜のように、に関して」の意味を加えた形容詞にする

　いっぽう、ただ形を変えただけの単語もありました。
　みなさんのほとんども知っている美しい言葉「sweetheart(ス**ウ**ィートハート：㊅恋人)」がその一例です。
　この言葉は、今は「sweet heart(あまい心)」という文字どおりの意味で使われていますが、もともとは違いました。この言葉の始

まりは「sweetard(スウィタード)」でした。
「-ard(-アード)」は「人」を示す接尾辞なので、「あまい人」という意味です。しかし、いつのまにか接尾辞 -ardが「heart」に変わってしまったのです。この変化の理由の一つは、-ardという接尾辞がネガティブな意味を持つ単語と関連づけられるようになったからです。

　たとえば、現在も使われているdullard（ダラード：㊟頭の鈍い人、物わかりの悪い人）、coward（カワード：㊟意気地なし、臆病者）、drunkard（ドランカード：㊟酔っ払い、大酒飲み）などです。しかし、どれも「sweetheart」にしたいタイプの人ではありませんね。

　以下、参考までに英語の近代化を推し進めた5つのできごとを挙げてみます。
　これらはすべて印刷機の登場によるところが大きいできごとです。

　　　1526年　ウィリアム・ティンダルによる「新約聖書」の英語訳の出版
　　　1611年　「欽定訳聖書」の出版
　　　1622年　初の英語による新聞「Weekly News」の発行
　　　1623年　「ファーストフォリオ」（シェークスピア最初の作品集）の出版
　　　1755年　サミュエル・ジョンソンの編集による「英語辞典」の発行

　現在も使われている「**近代英語**」が誕生したのは、ちょうどこの時期です。
　「近代英語」になる前の英語である「中英語」は、私にもほとんど理解できません。しかしサミュエル・ジョンソンの「英語辞典」が発行された18世紀中ごろまでには、英語の「話し言葉」は今の英語に近いものになっていました。

STEP 9　語彙を飛躍的に増やす、日本人のための「1-3-5メソッド」

19世紀、アメリカに移住した人々が
膨大な新英語を作り出した

　そして19世紀に登場し、英語に大変化を与えたのが「アメリカ英語」です。
　ご存知のように、アメリカ人はイギリス以外にも多くの国からやって来た人々の集まりで、彼らは新しい土地や風景、新しい生活様式を表現するために、クリエイティブに英語を使いました。そして、何千もの新しい単語やフレーズが英語に追加されたのです。
　さまざまな形の「yes」が、そのおもしろい一例です。19世紀に使われ始めた「yes」を意味する単語やフレーズと、その言葉が文献に初めて現れたおおよその年をご紹介しましょう。

Uh-huh	…	1830年
That's a fact	…	1834年
OK, okay	…	1839年
Yes siree！	…	1840年
You bet your life	…	1852年
As sure as shooting	…	1853年
You bet	…	1866年
I should say so	…	1879年
Yep, yup	…	1890年
All right　（okayと同様に「good」や「fine」の意味もあります）	…	1890年
Sure	…	1896年

　これらの「yes，そのとおり」を意味するフレーズは今でもよく使われています。
　この例からもわかるように、イギリスの植民地だったアメリカのおかげで英語の語彙はさらに拡大し、現在の**後期近代英語(Late Modern English)**と呼ばれる英語として確立された21世紀まで、

爆発的な変化を続けました。

　これが英語という「山」の第一の難所です。

英語のほとんどの単語には、別の「同義語」がある

「私は嵐を恐れない。だって自分の船で航海する方法を学んでいるところだから」

　私は上のルイーザ・メイ・オルコットの言葉がとても気に入っています。

「自分の船で航海する」という比喩(ひゆ)を使って、彼女の人生を語っているからです。

　それはまさに、たくさんの嵐に遭遇した人生でした。

　ルイーザは、父親がほぼ破産状態になり、10代のころから、お針子(はりこ)、家事手伝い、家庭教師、教師などの仕事をして家族の生活を支えなくてはなりませんでした。

　アメリカの南北戦争のときに看護師として兵士の世話をした経験を本に書き、作家としていくらかの成功をおさめたのは、彼女が30代になってからのことでした。

　また彼女は、奴隷制度の廃止や女性の権利拡大の熱烈な支持者でもありました。そして、もちろん、アメリカ文学の最高傑作の一つ、「若草物語(おかくさものがたり)」の作者としてよく知られています。

　この本では、ペラペラ山の頂上まで「登山する」という比喩を使っていますが、英語の習得という目的地まで「航海する」というたとえを使ってもよかったのです。

　その場合、英語の難しさのせいで、航路に現れる嵐や高波を乗り切るために必要なのは「know the ropes(ロープの結び目を知る、コツを覚える)」ということです。

　STEP 1、STEP 2、STEP 3の章では、その歴史や構造の観点から、英語の難しさや、みなさんの英語学習の障害になるポイント、そして、英語習得には「英語特有の『音』とイメージを結びつける」こ

STEP 9 語彙を飛躍的に増やす、日本人のための「1-3-5メソッド」

との大切さを説明してきました。

これからは、いよいよ「Steps to Fluency（流暢な英語を話すためのステップ）」について、実践的なお話をしたいと思います。

このステップは、私が非ネイティブスピーカーのための「Ⓜ(マルパ)式・英語学習メソッド」と呼んでいるもので構成されています。

もしあなたがこのステップを深く脳みそに刻んで実際に使ってくださればペラペラ山登山の道のりで飛躍的な前進ができるようになることをお約束します。

ルイーザ・メイ・オルコットの比喩を借りるならば、「数々の嵐を乗り切って、目的地である『流暢島』の美しい入り江にたどり着く」ことができるでしょう。

ペラペラ山の一番きつい急斜面は、他の言語に比べて圧倒的に多い、英語の常用語彙です。

「なぜ、英語にはそれほどまでに多くの常用語彙があるのか」という理由については、すでに概要をお話ししましたが、要約すると、それは、

**英語のほとんどすべての単語には
同じ意味の他の単語、または単語の組み合わせがある**

からでした。これが、いわゆる「同義語」と呼ばれるものです。英語にはこの同義語がうじゃうじゃあります。

ではここでちょっとおもしろい問題を出しましょう。

英語で最も同義語の多い単語はいったい何だと思いますか？

この単語には、少なくともなんと350の同義語があり（実際にはもっとあると考えられています）、1737年にベンジャミン・フランクリンがそのうちの228語を載せたリストを出版していますが、現在もなお増え続けています。

さて、答えです。

最も同義語の多い英単語は、「to be drunk（酔っ払う）」（！）という意味の単語なのです。

この「to be drunk」のおびただしい数の同義語のうち、日本酒が大好きで「三合でつぶれる」私が自嘲的にも一番気に入っているのは、「to be three sheets to the wind」です。
　このsheetsは、ベッドにかけるシーツのことではなくて、帆船の帆の位置をコントロールするためのロープのことです。
　このロープがゆるいと帆はバタバタとはためいて、船は「酔っぱらっているかのように」波に揺られます。「ぐでんぐでん」や「べろんべろん」な酔っ払いはまさにこのイメージにぴったりですね。
　ちなみに、私はこの舌がからまりそうな「ぐでんぐでん」や「べろんべろん」という日本語がとても気に入っています。いずれにしても、どんな単語やフレーズを使っても、私も含めて、だいたい酔っ払っている人間の様子というのは想像がつきますから……。

語彙を飛躍的に増やす、㊇式「1-3-5メソッド」

　英語をうまく話せるようになるためには、何千何万もの単語を覚えなくてはなりません。とはいっても、それを体系的に学ぶ方法がないということではなく、実はもちろんあります。
　そのしくみが「㊇式・英語学習メソッド」の第一のステップです。
　この方法を使いこなすことで、みなさんは、少なくとも15,000語の語彙を効率的かつスピーディに身につけることができるようになるでしょう。
　私はこれを、別名、「1-3-5メソッド」とも呼んでいます。
　多くの人はたいがい、外国語の単語を一つずつ覚えようとします。
　まず、新しく出てきた単語のランダムなリストを作り、そのリストの順番どおりに、一つ一つの単語の意味を自分の言語で書きこんで覚えようとします。でも実は、これは語彙量を増やす方法として、最も効率の悪い、最悪の方法です。
　日本人の英語学習者のほとんどは、この方法に固執しているので

STEP 9 語彙を飛躍的に増やす、日本人のための「1-3-5メソッド」

はないでしょうか。でも、もう次の日には、覚えたはずの単語の意味が思い出せない。そしてイライラする。また何度もトライしてみる。それでも、まだ多くの単語の意味は頭に残らない……。

こんなことを続けるうちに、みなさんは「自分は語学はどうしてもダメだ」「自分には語学の才能がない」と考えて、日々、自分を責めてばかりの状況に陥っていることでしょう。

でも、どうか、そんなことは決して考えないでください。

私がまだ一つも外国語を知らなかった20歳のころに、同じように感じていたとしたら、さっさと挫折して、きっと、ロシア語もポーランド語も日本語も学んでいなかったことでしょう。

自信を持たなくては語学など習得できません。でももちろん、その自信を得るための道具は手に入れなくてはいけません。

これから申し上げる方法は、山登りのスピードを上げて、来た道を振り返ったときに「もうこんなに登ったぞ！　頂上まで行けそうだ！」と思えるようにするための道具です。

英語の膨大な語彙量は、山登りの歩みを止めたりスローダウンさせたりするために、わざと意地悪に置かれた障害物のようなものです。

でも、決して降参してはいけません。そんなものはひらりと跳び越えられます。大きな波もさっと乗り越えればいいのです。

「1-3-5メソッド」①
──相手が言おうとしていることを理解する

とはいっても、もちろん、いつもそう簡単にいくわけではありません。

英単語には多くの同義語があって、ネイティブスピーカーがどれを使ってくるかわかりませんから。たとえば、もしネイティブスピーカーが、

Today is cloudy.

といえば、ほとんどだれでもその意味を理解することができるでしょう。

　もし仮に上の文中のcloudy（クラウディ：⑱曇った）という単語を知らなかったとしても、cloud（クラウド：⑲雲）という言葉は知っているかもしれません。そうであれば、あなたがcloudyの意味を推測するのは、たぶんそれほど難しくはないでしょう。

　でも、ネイティブスピーカーがcloudyではなく、その一般的な同義語の一つを使って、

　　Today is **overcast**.

と言った場合はどうでしょうか？　おそらく一般的な日本人は、overcastという単語をまず一度も聞いたことがないでしょう。

　その場合、みなさんにできることは、その単語の二つの構成要素「over」と「cast」からなんとか意味を探るか、それができそうになければ、相手が上のフレーズの次に話すことをよく聞いて、その**「文脈(状況)」から意味を推測する**かのどちらかの方法しかありません。

　しかし、人はだれでも、話をする理由があってその話をしているのです。禅問答ではないので、相手がたった短い一文だけを話すなんてことは普通の会話では考えられませんから。

　この例の場合、ネイティブスピーカーは、「Today is overcast.」に続けて、なぜそのことを口に出したかの理由として、次のようなことを言う可能性が高いのではないかと思います。

　　So it might rain.
　　だから雨が降るかもしれない。

　　So my washing won't dry.
　　だから洗濯物が乾かない。

STEP 9　語彙を飛躍的に増やす、
日本人のための「1-3-5メソッド」

So maybe we should postpone the picnic.
だからピクニックは延期したほうがいいかも。

「1-3-5メソッド」の最初のルールは、

相手の意味不明な一文にとらわれてはいけない。

**会話の流れから状況を分析して、
「相手が何を言おうとしているのか」を推測する。**

その場の「状況」を分析せよ！

です。
　同じ状況など二度とありません。だから、「文脈(状況)」から切り離して、言葉だけを見てはいけません。
　実際にネイティブスピーカー同士が会話に使う「そのときに生きている言葉」を、日本の英語の教科書や速習本の箇条書きのリストに載っている項目だけに則して、単語の意味を捉えてはいけません。
　言葉というものは、「常に変化する生活の場面全体の一部」なので、その意味も辞書に載ったとおりであるとは限りません。
　そして、もし知らない単語があっても、その単語が使われた状況を理解すれば、ある程度、意味は推測できる可能性が高いのです。
　でも、そのためには、英語を話す人々の文化、歴史、心理を知ることがとても大切になってきます。もちろんそれらは国によっても違ってくるかもしれないので、複数の国やその国民について勉強しなくてはなりません。
　いずれにしても、単語の意味をただ辞書どおりに機械的に丸記憶するだけでは絶対に生きた会話や自由な会話はできません。
　外国語を学ぶというのは、嵐のなかを航海するようなものです。
　暖かい自宅で心地よいイスにすわって航海術の本を読めば、基本的な知識を得ることはできるかもしれませんが、実際に海に行って、船に乗りこんで、航海を始めないことには、どこにもたどり着くこ

とができないのです。ちょうど、スポーツでも仕事でも、実際の現場での数々の失敗や成功の経験からしかほんとうのスキルを学べないのと同じです。

「1-3-5メソッド」②
——ラテン語語源の単語はコツ次第で増える！

「1-3-5メソッド」の第二のルールは、ラテン語（またはギリシャ語）が語源の英単語に関係しています。これらの単語は、コツさえ知っていれば、意味を理解するのは難しくありません。

私がなぜ「1-3-5メソッド」と名づけたかというと、このシステムは、語彙量を一つ一つ増やすのではなく、飛躍的に増やす方法だからです。

それは、英語が単語を「かたまり」で学ぶことができる言語だからです。そうすることで語彙量を飛躍的に増やすことができます。

なぜなら、「ラテン語」または「ギリシャ語」が語源の単語の多くは、ちょうど「家族」や「親戚」のようにたがいに密接に関連しあい、発音も意味も「類似性」があるからです。

ある言葉の根本的な意味と、そこから複数の単語が派生して作られたプロセスと合理的なシステムを理解すれば、単語を三つ、5つ、またはそれ以上の数の単語を同時に学ぶことができるということです。

みなさんに、この語彙量を一気に増やす「1-3-5メソッド」の効果を実感していただくために16の例を選んでご紹介したいと思います。

「1-3-5メソッド」③
──platの「語根」の音には、「平ら」のニュアンスがある

　ここでいう「語根」という言葉はちょっと聞き慣れないかもしれません。
　たとえば日本語で言えば、「ほのめかす」「ほのぐらい」の「ほの(仄)」や、「ひえる」「ひやひや」の「ひえ(冷え)とひや」のように、ある単語を構成する要素のうち、意味の上でそれ以上分解できない部分のことをいいます。
　さて一つ目の例は、「ペラペラ山」の実際の形に関連しています。
　みなさんには、このペラペラ山がこんなふうに見えているかもしれません。でもこのような急斜面の山と、そのふもとの登山口に立っている自分を想像してしまうと登る気が失せて、やる前からギブアップしてしまうでしょう。これでは、いくらかは登れたとしても、すでに滑り落ちる運命にあります。

でも、本当のペラペラ山は、実はこんな姿をしているのです。

山のところどころに開かれた「高原」があるのが見えますか？

この２文字の漢字の示すとおり、高いところにある原っぱのようなところです。「1-3-5メソッド」の説明はここから始まります。
　英語には「高原」を意味する一般的な名詞が二つあります。
　一つは「tableland(テイブルランド)」。これはわかりやすいですね。高原は確かに「テーブルのような土地」ですから。
　もう一つの単語は「plateau(プラトー)」といいます。
　このスペルを見てお気づきのかたがいるかもしれませんが、これはフランス語から直接英語に入ってきた言葉です。そのため、「-eau」という語尾がフランス語式に「o(オー)」のままの発音になっているのです(この-eauの語尾で終わる英単語には、他にbureau[ビューロー：㊋事務所、整理だんす]などがあります)。
　さて、「高原」を意味する「plateau」をもっと詳しく見てみましょう。だれかが、

　　　We took a rest on a **plateau** while climbing the mountain.
　　　(私たちは、山登りの途中、**plateau**でひと休みした。)

と言って、みなさんがこのplateauという単語を初めて耳にしたとしたら、学校や英会話スクールの授業でなら「plateauってどういう意味？」と聞きたくなることでしょう。
　でもその前に、まずは自分で考えてみてください。
　状況を分析してみてください。
　実際に「生きた会話」の途中でいちいち単語の意味を聞くと、ネイティブスピーカーは、イライラして話に飽きてしまうかもしれません。
　では、一緒に考えてみましょう。この文脈からplateauが何か山にあるものだということは明らかですね。他にわかったことは何かありませんか？
　最初の音節が「plat(プラト)」と聞こえたはずです。これでピンと来たかたはいませんか？
　「他にplatから始まる単語で知っているものはないか？」

103

これを自問自答してみてください。いくつかのものを関連づけるという作業において、人間の脳はスーパーコンピュータ並の性能に匹敵するものです。

どうでしょう？

少なくとも次の二つの単語くらいは知っているのではありませんか？

　　platform（プラットフォーム：㊦プラットホーム）
　　plate（プレイト：㊦プレート、お皿）　［←最後にeが付くのでaの発音が変わります］

最初のplatformは、駅で立って電車を待つところですね。日本語の駅の「ホーム」は、homeの意味ではなく、この単語の後半部分formから来ています。

二番目の「plate」は食事をするときなどに使う「お皿」です。

では、次に、駅のプラットホームと、お皿と、今回初めて聞いたplateauという単語に何か共通している要素はないでしょうか？

まずは、よく考えてみてください。

そうです。どちらも「平ら」なものであることです。

実際に、英語のflat（フラット：㊦平ら、平面）という単語と、このplatの語源は同じなのです。

音を分析して、頭のなかで類似性を関連づければ、plateauの意味を聞かないでも、自分で推測することができます。

つまり、plateauとは、山にある平らな場所、「高原」のことです。

同様に、「plate glass」という言葉を初めて聞いたとしても、plateが平らなものであることを考えれば、「平らなガラス→板ガラス」であると推測できるのではないでしょうか。

実は、platとplane（プレイン：㊦平面）とplain（プレイン：㊟わかりやすい、明らかな）はすべて同じ語源を持つ単語です。また、名詞のplainは、「平らな土地、平野、平原」を意味します。さらに、このplainは、explain（イクスプレイン）という動詞に含まれている

「plain」とも同じ意味です。
「ex-」という接頭辞(P92)は「out(出す)」という意味でしたね。ですから、explainとは、ex(出す)＋plain(平ら、わかりやすい)→ものごとをわかりやすく表明する、つまり「説明する」という意味になります。

このように、ラテン語が語源の英単語のほとんどは、「言葉の意味に類似性や関連性がある」という非常にありがたい性質を持っているのです。

すでに、plateau、platform、plate、plate glass、plane、plain、explainの意味には、「家族」や「親戚」のようにたがいに類似性と関連性があることが理解していただけたと思います。

これらの単語の音を理解し、ビジュアルなイメージ(ここでは「平らな、平易な」)を持つことができれば、みなさんは、これらの単語をすぐに忘れることはないでしょう。

この「関連づけ」のコツを身につければ、語彙量もかなり速いペースで増え、まもなくペラペラ山の最初の「plateau」に到着できるでしょう。

「1-3-5メソッド」④
——接頭辞re-の音には、「再び」の意味が加わる

英語の語彙は膨大ですが、P91～P92で前述した代表的な接頭辞の「音」と「意味」を理解して、どのように使われるかがわかれば、これによっても英語の語彙を非常に効率的に、かつ一気に増やすことができます。

そこで、ここからは、代表的な接頭辞と接尾辞の音と意味のさまざまな例をできるだけ多くご紹介していきたいと思います。

大切なのは、知らない単語を耳にしたとき、相手に「どういう意味か」と聞き返すよりも、「音」とその場の「状況」から、自分で

意味を推測する努力をしてみるということです。
　re-(リ-)は「again(アゲイン：⑩再び)」という意味の接頭辞で、元の英単語からとても簡単に作り出すことができるので非常に多くの単語があります。たとえば、次の動詞、

　　　repeat(リピート：繰り返す)
　　　return(リターン：戻る、帰る、返す)
　　　reset(リセット：作り直す、調整する)
　　　recover(リカバー：取り戻す、回復する)
　　　relive(リライヴ：生き返る、思い出す)
　　　review(リヴュー：見直す、再検討する、批評する)

　このように、re-は数えきれないほど多くの英単語の頭にくっついています。
　まず日本人でも知らない人のいないrepeatから見ていきましょう。
　このrepeatという単語には二つの構成要素があります。もうおわかりのように、「re」と「peat」ですね。
　実はこのpeat(ピート)は、ラテン語で「to try to obtain(手に入れようとする)」「to seek(探し求める)」という意味の言葉が語源です。「peat」は少しスペルが違いますが、何かを手に入れようとすることに関係している「compete(コンピート：⑩競争する)」や「appetite(アピタイト：⑧食欲)」などの英単語に含まれています。
　つまり「repeat」というのは、もともと、「seek again(再び探し求める)」という意味だったのです。
　repeatは動詞ですが、名詞はrepetition(レピティション：⑧反復、繰り返し)となります。前に紹介したclarify(クラリファイ—clear[クリアー：⑯]から変化)やexemplify(イグゼンプリファイ—example[イグザンプル：⑧]から変化)と同様に、語形によってスペルが変わります。

「1-3-5メソッド」⑤
──接頭辞anti-、pro-の音は、「反」「賛成」の意味を加える

　では、語彙量を「1-3-5」、さらには「1-3-5-7-9」と一気に増やすのに役立つ接頭辞を、さらに挙げていきましょう。
　最初は、
　　　　anti-(アンチ-)
という接頭辞です。
　anti-は、「**アンチ**巨人」とか、「**アンチ**タイガース」のように、日本語でもよく使われますが、against(反対して、敵対して、対抗して)という意味で、数多くの英単語の頭にくっついて使われます。
　(anti-が使われた単語の多くは「anti-」というようにハイフン「-」でつながれていますが、最近はこのハイフンを省くのが一般的になりつつあって、この小さな横棒「-」は姿を消しつつあります。直接「発音」には関係ありませんが、この本でも、将来そうなることを見越して、できるだけハイフンを使わないで「書く」ことにします。

　まず「**anti**bacterial」(**アンチ**バクテリアル)という形容詞から見てみましょう。
　新しい病気が私たちの健康を脅かすようになってきた結果、抗菌せっけんなどを使って手を洗う機会が増えてきています。その名のとおり、これらのせっけんは、バクテリアに「対抗」するものですね。
　clockwise(クロックワイズ：形/副)という単語をご存知のかたもいらっしゃると思います。
　これは「右回りの(に)」という意味です。clockwiseはclock(時計)+wiseと分解できます。時計の針は右の方向に進んでいくからですね。
　最後の-wiseは「〜のように」という意味の「接尾辞」です。
　では「左回りの(に)」のことはなんと言えばいいか？

もうおわかりですね！　接頭辞anti-をつけて、

　　　anticlockwise(<u>アンチクロックワイズ</u>)

と言います。
　この言葉を初めて聞いた人は、「わあ、こんなに長い単語、わからない！」と思うかもしれませんが、よく聞いて、考えてみてください。
　一見長ったらしいこの単語は、三つの小さいパーツで構成されています。それぞれのパーツの意味がわかれば、長い単語でもすぐに意味がわかるはずです。
　その他、接頭辞anti-で始まる主な単語には、次のようなものがあります。

　　　antibiotic(<u>アンチバイオチック</u>：㊅抗生物質［海外旅行をし
　　　　たり海外に住んでいる人は知っている単語ですね］)
　　　antiwar(<u>アンチウォー</u>：㊅反戦の)
　　　antinuclear(<u>アンチニュークリア</u>：㊅反核、反原発の)

また、国籍名(国名の形容詞)に「anti-」を付けると、

　　　antiAmerican(<u>アンチア**メ**リカン</u>：㊅反米の)
　　　antiJapanese(<u>アンチジャパ**ニ**ーズ</u>：㊅反日の)

となります。

逆に、anti-の反対の意味の接頭辞が

　　　pro-(プロ-)

です。
　単語の前につけると、「〜に賛成する、好む」という意味になります(しかし、これはP92の「前へ」という意味を示すpro-とは違います)。

一例を挙げると、

    pronuclear(プロ**ニュークリア**：形原子力開発に賛成の)
    prowar(プロ**ウォー**：形戦争を支持する)
    proJapanese(プロ**ジャパニーズ**：形親日の、日本支持の)

などです。
　また、anti-もpro-も、ハイフンなしの一単語だけで、「反対」や「賛成」を示す非常に便利な単語として使うことができます。
　アメリカのように、特に社会問題や政治問題についてはっきりとした意見を持っていることを要求される国では、このanti-とpro-の使い方を知っているととても役に立ちます。例を見てみましょう。

    When it comes to the rights of women for equal pay, I am **pro**.(注：「I am pro it.」という言い方もあります)
    (男女同一賃金を得る女性の権利に、私は**賛成**です。)

    I'm **anti** letting people carry guns. I'm **anti**-gun.(注：ここでは、読みやすさを考えて、ハイフンを入れてあります)
    (人々に銃の所有を認めることに反対です。私は**反銃論者**です。)

「1-3-5メソッド」⑥
――接頭辞inter-の音は、「〜の間」の意味を加える

ほかにも最も一般的な接頭辞の代表例は、「〜の間」を意味する、
    inter-(**インター**-)
です。
たとえば、すでに次のような単語はご存知でしょう。

    international(**インターナ**ショナル：形国際的な)
    interview(**インタ**ヴュー：名インタビュー、面談)

interpret(インタープレット：⑩通訳する、解釈する)
interrupt(インタラプト：⑩中断する、邪魔をする)

　これらの単語はすべて、「あるモノの間に何かがある(または、誰かがいる)こと」を示しています。
　次の単語も同じような意味を示しています。

intervene(インターヴィーン：⑩介在する、介入する、干渉する)
intercept(インターセプト：⑩妨害する、阻止する)
interim(インタリム：⑧合間、中間/㊟一時的な、暫定的な)

　これらの単語の意味はすぐにはピンと来ないかもしれません。でも、これまでお話ししてきた「分析のスキル」を使えば、かなりの程度まで、自分の力で意味を推測することができるはずです。
　そのスキルとは、まず単語を構成しているパーツを分析し、その次にその言葉が使われた状況の文脈のなかから意味を想像することです。
　まず、interveneを見てみましょう。
　inter-は「〜の間」という意味といいましたが、vene(ヴィーン)という語根はto come(来る)という意味のラテン語が語源です。
　このラテン語は、avenue(アヴェニュー：⑧大通り)、convention(コンヴェンション：⑧習慣、慣例、会議、集会)、そして、venue(ヴェニュー：⑧現場、会場)など、多くの英単語の語源となっています。そして、ご覧のように、「ven(ヴェン)」という音と形をとっても登場します。
　これらの単語はすべてなんらかの「来る」ということに関係しています。
　ではここで、interveneを使った例文を見てみることにします。

My brother and I were having a fight, so dad **intervened**.
（ぼくと弟がケンカをしていたので、父が仲裁に入ってきた。）

　この兄弟げんかの場面を想像しながら、interveneという単語を構成している複数のパーツを考えると、意味が推測できるでしょう。そして、この場面のイメージと会話を例にこの単語を覚えることで、ずっと忘れないでいることができると思います。
　ちなみに、このinterveneという動詞を名詞にすると「intervention（仲裁、介入）」となります。英語ではある一つの言葉から派生した類似の単語の字数が多くなると、発音が変わることがよくあるといいましたが、この場合もそうです。動詞のinterveneは「インター<u>ヴィーン</u>」と発音されますが、名詞のinterventionは「インター<u>ヴェ</u>ンション」と発音します。

　ここで、-tionという接尾辞について簡単に説明しておきましょう。-tionは、動詞の最後にくっつけると、その動詞を名詞にします。たとえば、

　　　act（行動する）→action（行動、活動）
　　　consume（消費する、食べ尽くす）→ consumption（消費、食べること）
　　　disrupt（混乱させる、中断させる）→ disruption（混乱、中断）
　　　attract（引きつける、魅惑する）→ attraction（引きつける力、魅力）

たまにはスペルが変わりますが、この本ではスペルより「音」で単語を覚え、語彙を増やすことが主眼なので、-tionの音を聴けば、元の英語の動詞が-tionによって名詞に変化したものであるということが簡単にわかるようになるでしょう。

　さて、二つめのinterceptという単語の意味も、inter-の意味と、

それがくっついた元の単語との関連付け、そして文脈から推測してみたいと思います。

まず、語尾の-cept(-セプト)は「to take (取る)」を意味するラテン語から英語に入ってきた語根で、accept(アクセプト：動受け入れる)」やexcept(エクセプト：前〜を除いて)などをはじめ、多くの英単語に含まれています。

> The government is **intercepting** phone messages from millions of ordinary citizens.
> (政府は、何百万人もの一般市民の通話内容を**傍受している**。)

三つめのinterimは、ラテン語がそのままで使われている英単語です。

前述のように、ほとんどの英単語には、一つの言葉に対し、ラテン語とアングロ-サクソン語の両方を語源として、同じ意味を持った複数の単語があります

このinterimと同じ意味を持つアングロ-サクソン語が語源の言葉はmeantime(ミーンタイム：副その間)です。

つまり、おもしろいことに、次の二つの文章は完全に同じ意味になります。

> In the **interim,** just wait until the boss gives you further instructions.
> (とりあえず、ボスが次にどうしたらいいか言ってくるまで待っていてください。)

> In the **meantime,** just wait until the boss gives you further instructions.
> (とりあえず、ボスが次にどうしたらいいか言ってくるまで待っていてください。)

しかし逆に言えば、このように、ラテン語が語源の英単語とアン

グロ-サクソン語が語源の英単語の両方を知っていなくては、英語のスキルのレベルを上げることはなかなかできないということでもあります。

　接頭辞についていえば、アングロ-サクソンが語源の単語よりも長めで、少々抽象的な、ラテン語が語源の接頭辞の分析ができるようになれば、次の「高原」まで登るのは簡単です。

　みなさんにはちょっと難しそうな単語ですが、英語では**inter**changeable(**インターチェンジャブル**：㊑交換できる)と**inter**dependent(**インターディペンデント**：㊑相互依存の)という単語がよく使われます。
　この二つの単語を見てみると、inter-という接頭辞が「たがいに」というニュアンスも持っていることがよくわかります。

> The refill on these two pens is **interchangeable**, so you can use it for either one.
> 　(この２本のペンの詰め替え用インクは**代替可能**なので、どちらのペンにも使えます。)

> The people of East Asia are **interdependent** when it comes to trade, so we must have peace.
> 　(東アジアの人々は、貿易面で**相互依存の関係にある**ので、平和にやっていかなくてはなりません。)

「1-3-5メソッド」⑦
──接頭辞over-の音は、「たくさんの」という意味を加える

　さらにあと二つだけ、覚えておくと非常に応用が利き、しかも頻繁に使われる接頭辞をご紹介しましょう。
　それは、**over-**(**オーヴァー**)と**out-**(**アウト**)です。
　二つともアングロ-サクソン語が語源なので、非常にシンプルな

単語です。

まず「over-」から見てみましょう。

over-という接頭辞は、動詞や形容詞など、多くの品詞の頭にくっついて、その品詞に「great deal（多量、たくさんの量、ずいぶんと）」というニュアンスをつけ加えます。一方、ネガティブな「too much（多すぎる、余分の、過大な）」というニュアンスが加わる場合もあります。

まずはポジティブな意味での使われ方から見てみましょう。

> I am **overjoyed** at the news of your getting the scholarship.
> （あなたが奨学金を受けるというニュースに**大喜び**しています。）

しかし実際は、over-という接頭辞がついている単語は、ネガティブな意味のものがほとんどです。これはover-がexcess（エク**セス**：㊐過剰）という意味合いを含んでいるからです。日本でよく使われる外来語にも、まさに「働きすぎ」を意味する「**オーバーワーク**」がありますね。そして、次のように使われます。

> Jim **overworks** and **overeats**. I'm worried about him. Am I being **overanxious**?
> （ジムは**働きすぎ**だし、**食べすぎ**だし、心配だわ。私、**心配しすぎ**かしら？）

> I don't think so. He's **overenthusiastic** about his work and **overconfident** about his health. He should take it easy and have a rest.
> （そんなことないよ。彼は仕事に**熱中しすぎ**ているし、自分の健康を**あまく見すぎ**てるよ。あまり無理しないで休んだほうがいいよ。）

over-が接頭辞として使われている単語で上に挙げたもの以外によく使われるのが、

oversimplify（オーヴァーシンプリファイ：⑩単純化しすぎる）
　　　overpopulation（オーヴァーポピュレーション：⑧人口過密）

です。
　長ったらしい単語ですが、二つのパーツに分けて、使われている文脈を理解すれば決して難しい単語ではないと思います。

　　The prime minister **oversimplified** the problem when he said the economy would improve if everyone supported his policies.
　　（首相は、自分の政策を支持してくれれば景気が回復すると言ったが、それは問題を**単純化**しすぎている。）

　oversimplifyの名詞形はoversimplification（オーヴァーシンプリフィケーション：⑧過度な単純化）というとても長い単語ですが、これも分析さえすれば意味がわかりますね？

ネイティブスピーカーも、
自分で意味を推測して単語を覚えている！

　日本人の多くは、英語のネイティブスピーカーがちょっと長ったらしい英単語を言うのを聞くと、第一音節か第二音節のあたりで「ストライキ」を始めてしまいます。
　でも、そんなにすぐにあきらめないでください！
　その単語、そして文章の最後まで一生懸命集中して聞いてみてください。
　そうすれば、どんなに長ったらしい単語でも、コツさえつかめば、理解できる小さなパーツで構成されていることが瞬間的にわかるようになります。
　日本人が英語の会話についていくのが苦手な最大の理由の一つは、わからない単語が出てくると、その時点であきらめてしまい、最後

まで集中して聞くのをやめてしまうからなのです。

しかし、単語は分析可能な個々のパーツからできていると考えて、それぞれのパーツを頭に入れながら、どのようなシーンで使われているかを集中して聞いていれば、すでに知っていることよりも、さらに多くのことを理解できるようになってきている自分に気づくはずです。

実際に、ネイティブスピーカー自身も、まったく同じ方法で英語を学んでいます。

ネイティブスピーカー自身、事前に意味を知らない状態でも、同じやり方で新しい言葉の意味をどんどん吸収していく

のです。

みなさんも「ある単語を知らなくても当たり前」という前提で始めてみてください。そして、**できるだけ辞書を引かないで、まず独力で意味を推測する**ことをぜひ心がけてください。これまで説明してきた方法をしっかり理解すれば、同様にして80〜90％ぐらいの単語の意味を推測することができるようになれると思います。

英語はパズルのようなものです。

パズル雑誌の後ろのほうのページに載っている「正解」を見ても、「そうだったのか！」という一時的な満足感は得られるかもしれません。でも実は、それは何一つ学んでいないのと同じです。

パズルの答えをしっかりと身につけて、それをもっと多くのパズルを解くために応用できるようになるには、まずは自分で答えを見つけなくてはなりません。

英語、そして他の外国語の学習もそれと同じです。

それが言語の学習の正しい方法であり、外国語学習のコツなのです。

一度学んだ単語の意味と使い方を完全に身につけるためには、「自分の力で、意味と使い方を学ぶ」ことが絶対に必要です。

それこそが私が三つの外国語を学んだ方法であり、この方法をひ

たすら応用したことでそれらをしっかりと身につけることができたのです。

　私は、日本語は常に使っていますが、ロシア語とポーランド語は年に数回しか使う機会がありません。それでもロシア語とポーランド語のペラペラ度合は昔からほとんど変わっていません。

　それは、私が「ペラペラ山の登り方」を自分の力で学んだからです。

　もちろんロシア語とポーランド語の場合はいい先生にめぐまれたからでもあり、日本語の場合は、何千人もの日本人のひとりひとりが私の話し相手になってくれ、先生になってくれたからでもありましたけれど。

「1-3-5メソッド」⑧
——接頭辞out-の音は、「〜を上回る」という意味を加える

　次は、これもとてもよく使われる接頭辞である**out-**（アウト）を見てみましょう。

　out-という接頭辞は特別です。

　なぜなら、実用的にとても役立つと同時に、人々の言葉の使い方の裏にある心理を理解する一助になる単語だからです。

　接頭辞としてのout-は、surpass（サーパス：⑩〜を上回る、超える、〜に勝つ）、あるいはexceed（エクシード：⑩〜を超える、上回る、突破する）という意味です。

　X out-動詞 Y.というパターンで、「Xが、Yのすること（したこと）を上回る」という比較の意味を表現するのに使われます。

　では、eat（食べる）とdrink（飲む）を使った簡単な例文を見てみましょう。

　　Jim can **outeat** and **outdrink** anyone in his office.
　　（ジムはオフィスのだれよりもたくさん食べるし、たくさん飲む。）

117

Barbara **outran** Jim in the race.
（バーバラはレースでジムに**勝った**。）

２番目の例の場合、だれがレースに勝ったのでしょうか？
X out-動詞 Y. のパターン、つまり、「Yがやっていることを上回るのはいつもXのほう」だということを覚えていてください（そろそろジムの健康状態が心配になってきたので、次の例文では登場人物を変えたいと思います）。

out-という接頭辞は、ほとんどすべての動詞につけることができるので、覚えておくと非常に便利です。

Barbara **outcooks**, **outdances** and **outperforms** everyone at work. She's amazing.
（バーバラは、オフィスのだれよりも**料理上手で**、**ダンスも上手で**、**仕事も抜きん出てよくできる**。彼女はすごい！）

out-を接頭辞として使う場合は、いつも「比較」を意味するといいました。ですから、注意しなければいけないのは、相手となる人や物が必ずこの動詞の後に続けて入っていなければならないことです。
一般的に、アメリカ人は競争心の強い負けず嫌いな国民性なので、このような表現をよく使います。このout-という接頭辞を使いこなせるようになれば、みなさんの英語の表現力は一気に上がります。

「1-3-5メソッド」⑨
──接頭辞mis-の音は、「間違って〜」という意味を加える

もう一つ、興味深い接頭辞を紹介したいと思います。
使い方が簡単で、とても便利な、

mis-（ミス-）

です。
この接頭辞は、その後に続く単語の内容が「正しくない、間違っ

ている」ということを示します。日本でもよく使われる、

   mistake（ミス**テ**イク：㊂失敗/㊙失敗する）

という単語を思い出せば、そのニュアンスがわかっていただけるでしょう。
 mis-という接頭辞のついた英単語も非常に多いので、この接頭辞を理解するだけで、語彙数を確実にアップすることができます。
 では、mis-で始まる動詞の例を挙げてみます。
 以下の単語は、みなさんの語彙を増やすと同時に、英単語の成り立ちに関する理解も深めてくれるでしょう。

   mispronounce （ミスプロ**ナ**ウンス：㊙〜の発音を間違う）
   mislead （ミス**リ**ード：㊙間違った方向に導く、判断を誤
        らせる、誤解を招く）
   misunderstand （ミスアンダース**タ**ンド：㊙誤解する）
   mistrust （ミスト**ラ**スト：㊙疑う、信用しない）
   misprint （ミス**プ**リント：㊙ミスプリントする、誤植する）

 そして、これらの動詞から派生した名詞も一緒に覚えることで、語彙はさらに増えます。

   mispronunci**a**tion（ミスプロナンシエーション：㊂発音ミス）
   misunderstand**ing**（ミスアンダースタンディング：㊂誤解）

 ちなみに、mistrustとmisprintは動詞と同じ形のまま名詞になります。またmistrustは、mistrust**ing**(ミストラスティング：信用していない、疑っている)、mistrust**ful**(ミストラストフル：疑い深い、信用しない)という二つの形容詞にもなります。
 つまり、pronounce、lead、understand、trust、printをはじめとする数多くの動詞と、mis-＋動詞のパターンの意味のニュアンスを覚えておけば、もし会話のなかでmisという音が聞こえたときに、その単語の意味を推測するための大変便利なコツになるという

119

ことです。

> Most native speakers will understand you even if you **mispronounce** a word.
> (単語の発音を**間違**っても、ほとんどのネイティブスピーカーは、あなたの言っていることを理解してくれるでしょう。)
>
> An article I read on the internet about economics was **misleading**.
> (ネットで読んだ経済に関する記事は、**誤解を招く**ものだった。)
>
> Look, Jim, it was just a **misunderstanding**. I didn't mean to cheat on you when I dated your older brother.
> (ジム、聞いて。それは**誤解**よ。あなたのお兄さんとデートしたけどあなたを裏切るつもりはなかったのよ。)
>
> **Mistrust** between the people and their leaders is the big issue in the election.
> (選挙においては、有権者とリーダーたちの間の**不信感**が一番大きな問題だ。)
>
> People have a lot of **misprint**s in their emails because they write too fast without checking.
> (みんな、急いでメールを書いて、チェックしないで送るので、ミスプリント［**誤字**］が多い。)

最後にもう一つ、最近の政治家が頻繁に使うmisspeak（ミススピーク：⑩失言する）という言葉をご紹介しましょう。

政治家は「失言」をしがちです（最近の日本だけでなく、どこの国でも）。でも、多くの場合、政治家は「本音」は話さないものです。本音を言ったら、あとで恥をかいたり、謝罪をしたりしなくてはならなくなるからです。

しかし、政治家は、自分の発言で人々に迷惑をかけたとか、発言がうそだったということは認めたくないので、

　　　I misspoke.
　　　（失言でした！）

と弁解するだけですね。
　これはあくまでも「言い間違えた」という意味で、「うそをついた」を婉曲的な表現にすることで、自分の失敗はたいしたことではない、口が滑っただけだという印象を与えようとしているのです。
　一例を挙げさせてもらうと、2008年に、民主党の大統領候補指名に向けたキャンペーンを行っていたヒラリー・クリントンは、メディアに対して「1996年にボスニアを訪れた際に銃で撃たれた」と発言しました。彼女は自分の勇敢さをアピールしようとしたのです。
　しかし、この発言の内容は、あとで事実ではないことが判明し、クリントンは謝罪と発言の撤回をしました。でも、彼女はあくまでも「事実の改竄」は認めず、「misspoke」しただけだと主張しました。
　いずれにしても、「misspeak」という動詞が英語に登場したのは14世紀のことなので、このような政治家の言動は新しい現象でないということだけは確かなようです。

「1-3-5メソッド」⑩
──接頭辞in-の音は、「否定」の意味を加える

　最後に、in-(イン-)という接頭辞を見てみましょう。
　これは、ラテン語から派生した「否定」を意味する接頭辞なので、ある一つの単語の意味さえ知ってしまえば、その意味を推測するのは難しくないのではないかと思います。
　in-という接頭辞は、何千もの英単語に含まれていますが、その多くは、「否定」という意味で関連づけすることができます。

insurmountable（インサーマウンタブル：形）
incomprehensible（インコンプリヘンシブル：形）
inoperable（イナペラブル：形「連接」によって、発音が変化しましたね）

などがその例です。

では、ちょっと分析してみましょう。

どれも一見とても複雑な単語(どれも形容詞)のように思えますが、このような単語は、「いくつかの単語の要素にわけられないだろうか」と考えてみるようにします。

まずinsurmountableは、

 in-sur-mount-able

というように分解できます。

 in-は「否定」という意味の接頭辞
 sur-は「上に、越える」という意味の接頭辞
 mountは「登る、(山のような)頂上に行く」という意味の動詞
 -ableは「〜できる」という意味の接尾辞

なので、日本語では**「乗り越えられない、克服できない」**という意味になります。

次に、incomprehensibleを考えてみましょう。上の例を見れば、同様にこう分解されるのがわかると思います。

 in-comprehen-(s)ible

in-は「否定」を意味する接頭辞
comprehensはcomprehen(d)(コンプリヘン[ド])のことで、「理解する」を意味する動詞
-ibleは-ableの変形で、「〜できる」を意味する接尾辞

つまり、日本語では「**理解できない**」という意味になるわけです。
最後のinoperable(イナペラブル：⑱)はもう予想がつくと思います。

   in-oper-able
     ↓
 in-は「否定」を意味する接頭辞
 operはoper(ate)(オペ［レイト］)のことで、「手術を受ける、
  操作する」を意味する動詞(日本でもお医者さんは「手術」
  のことを『オペ』と省略して使ってますね)
 -ableは「できる」を意味する接尾辞

 つまり、日本語では「**手術不可能な、操作不可能な**」という意味です。

 ただし、接頭辞in-はimpossible(インポッシブル：⑱不可能な)のように、次にpの音が来るとim-に変化します。
 また、in-のnが、直後に来る語の1文字目と同じ文字に変化することも多くあります。

   logical(ロジカル：⑱論理的な)
     ↓
   i**l**logical(イ**ロ**ジカル：⑱**非**論理的な)

   resistible(レジスタブル：⑱抵抗できる)
     ↓
   i**r**resistible(イレジスタブル：⑱**抵抗できない**、とても魅力的な)

   mobile(モーバイル：⑱動か**せる**)
     ↓
   i**m**mobile(イモーバイル：⑱動か**せない**)

などがその例です。
 このように、接頭辞や接尾辞の「音」と「意味」、「他の単語との

組み合わせのシステム」を理解さえすれば、たとえば、mount、comprehend、operate、resistなど、一つの単語を学ぶたびに、少なくともそこから派生する二つの単語を習得することができるのです。

「1-3-5メソッド」⑪
──品詞を「〜でいっぱいの」の意味の形容詞に変える接尾辞-ous

では今度は、これも語彙を一気に増やすためには絶対に覚えておくべき、非常に便利な「接尾辞」の例をご紹介していきます。

前述した接頭辞と同じように、さまざまな接尾辞の種類の「音」と「意味」を理解すれば、これもみなさんの語彙量の飛躍的な拡大に確実に貢献します。

例として、単語の最後にくっついて、「**〜でいっぱいである、〜で満ちている**」という意味の「形容詞」を作る接尾辞、-ousが使われている単語を見てみましょう。

mountain**ous**(マウ**ン**テナス)
prosper**ous**(プ**ロ**スペラス)
rebell**ious**(リ**ベ**リアス)(この単語と次の単語の場合は、-ious)
suspic**ious**(サス**ピ**シャス)
meticul**ous**(マ**ティ**キュラス)

最初の4つについては、mountain(マ**ウ**ンテン:⑧山)、prosper(プ**ロ**スパー:⑨成功する)、rebel(リ**ベ**ル:⑨反抗する)、suspect(サス**ペ**クト:⑨疑う)の意味を知っていれば、これらの単語の意味を理解して、聴き取ったり使ったりすることができるはずです。

つまり、mountain**ous**は「山の多い」、prosper**ous**は「大いに成功している、繁栄している」、rebell**ious**は「**とても反抗的な、扱いにくい**」、suspic**ious**は「疑わしい」という意味の形容詞になるわけですね。

最後のmeticulousという単語は、日本人が何かをする様子を説明するのにぴったりな単語ですから、知っておくと便利です。これは「細部にいたるまで、細心の注意を払う」という意味です。
　次に、この5つの単語を含んだ例文を示します。
　何度か声に出して読んでみて、それぞれの語が使われている場面をイメージしてください。

　　　Japan is a **mountainous** country.
　　　（日本は**山がち**な国だ。）

　　　The Miyazawas were a very **prosperous** family in Hanamaki.
　　　（宮沢家は花巻では**たいへん裕福**な家だった。）

　　　James Dean was **rebellious**, and that is the image he had as an actor.
　　　（ジェームス・ディーンは**とても反抗的**で、それが彼の俳優としてのイメージだ。）

　　　I am **suspicious** of food that has passed its sell-by date.
　　　（私は賞味期限を過ぎた食品は**信用しない**。）

　　　Great chefs are **meticulous** when it comes to the presentation of food.
　　　（優秀なシェフは、料理の見栄えに**えらく几帳面**だ。）

　そしてもう一つ、-ousで終わるとても素敵な言葉をご紹介しておきましょう。それは、
　　　joyous（ジョイアス）
という単語です。
　これは、joy（ジョイ：⑧喜び）というシンプルな名詞に接尾辞、-ousがついたものです。
　接尾辞 -ousは、もとの単語の示す意味の「度合」や「量」を増やす働きをするということを忘れないでください。

It is so nice to be with you on the **joyous** occasion of your wedding.
（喜びに満ちたあなたの結婚式にお招きいただき、**とてもうれしいです。**）

「1-3-5メソッド」⑫
──形容詞を副詞に変える接尾辞 -ly

　接尾辞は接頭辞よりも使い方や応用が簡単なので、さらに三つ、みなさんにぜひマスターしてもらいたい接尾辞があります。
　まず、
　　　-ly(-リィ)
です。
　-lyは、形容詞の最後につけるだけで副詞にすることができるので非常に便利です。
　副詞は、品詞の一つで、その動詞を修飾して「どのようにそれが行われたか」を示すものであることはご存知ですね。
　quickly(クイック**リィ**：素早く)、slowly(スロウ**リィ**：ゆっくりと)、gladly(グラッド**リィ**：よろこんで)などがその例です。

「1-3-5メソッド」⑬
──形容詞を強調する接尾辞 -ful

　次に、これもとても便利な接尾辞、
　　　-ful(-フル)
を見てみましょう。ただし、ここでは特にスペルに関してひと言いっておくと、この接頭辞は、形容詞のfull(いっぱいの)とは違って「l」は一つですので間違えないでください。
　接尾辞 -fulには、「元の形容詞の意味を強調する」役割があります。

よく使われる７つの形容詞を見てみましょう。

>hopeful(ホープフル：希望に満ちた、期待を寄せている、見込みのある、有望な)
>helpful(ヘルプフル：役立つ、助けになる、有益な、参考になる、有用な)
>grateful(グレイトフル：感謝する、ありがたく思う、恩を感じる)
>forgetful(フォゲットフル：忘れやすい、怠慢な)
>skillful(スキルフル：熟練した、腕のいい、巧みな)
>useful(ユースフル：役立つ、便利な、有益な、価値ある)
>fruitful(フルートフル：多くの実を結ぶ、有意義な、有益な)

次にこれら７つの単語を順番に、文脈のなかで見てみましょう。

>I am **hopeful** that I will be able to speak English well someday.
>（いつの日か英語がうまく話せるようになる**といいなと思っています。**）

そして、すぐ前の項で説明した方法で、この**〜fulの形の形容詞に-lyをつけるだけで、今度はそれが副詞に簡単に変化します。**
たとえば、hopefulの場合、

>**Hopefully** we'll be able to meet on Saturday.
>（土曜日に会えるといいな。）

次に「helpful」の例を見てみましょう。

>Though he's only eight, Masahiko is really **helpful** in the kitchen.
>（マサヒコはまだ８歳なのに、キッチンでとてもよく**手伝ってくれます。**）

次のgratefulとgratitude(グラティチュード：⑧感謝)は、元になったラテン語の語源が同じです。使い方のパターンはgrateful to someone([だれか]に) for something([なにか]について感謝している)です。

> I am so **grateful** to you for all you have done for me.
> (いつもお世話になって、とても**感謝しています**。)

次のforgetfulになんかはなりたくないですね。でも反対に、その次のskillfulにはぜひなりたいものです。

> Bob is so **forgetful**. He never remembers to recharge his phone.
> (ボブは本当に**忘れっぽいね**。携帯電話を充電するのを忘れてばっかりだ。)

> Indra is a **skillful** gardener. When she plants something, it always grows.
> (インドラは庭の手入れがとても**上手だ**。彼女の植えたものは必ず育つ。)

次はusefulの例文です。

> No word is more **useful** than **useful**.
> (usefulより**役に立つ**単語はない。)

最後はfruitfulです。なぜfruit(フルーツ)に-fulを付けると「有意義な」とか「有益な」という意味になるのか不思議かもしれませんが、日本語の「実り」と「実りある」の意味であると考えてみればわかると思います。

> The ambassadors had a very **fruitful** discussion about the islands in the sea between their countries.

（大使らは、彼らの国の国境を隔てている海に浮かぶ島について、非常に有意義な話し合いを行いました。）

「1-3-5メソッド」⑭
── -fulと正反対の意味の接尾辞 -less

次に、上の形容詞の効力を強調する「-ful」とは正反対の意味を付加する接尾辞である、

-less(-レス)

を見てみましょう。

-less(-レス)はさまざまな品詞の最後にくっついて、「〜がない、〜が欠如している」という意味の形容詞を作ります。

そのうちとてもよく使われるもの５つを見てみましょう。

> hopeless(ホープレス：見込みのない、不可能な、絶望的、どうにもならない)
> helpless(ヘルプレス：どうすることもできない、無力な、助けを得られない)
> endless(エンドレス：終わりがない、永遠の)
> useless(ユースレス：使い物にならない、役に立たない)
> fruitless(フルートレス：成果のない、無駄な)

次にそれぞれの使われ方を見てみましょう。

> The situation at work is **hopeless**. I think we're heading for bankruptcy.
> （勤務先の状況は**絶望的だ**。きっと倒産寸前だろう。）

次のhelplessはいろいろな使われ方がありますが、最も一般的なのは「心細い」「お手上げの」「(自分では)どうすることもできない」などです。

Little baby animals are born **helpless**.
（小さな動物の赤ちゃんは、**自分ではなにもできない状態で生まれる**。）

I felt **helpless** when I arrived in Shanghai all by myself but now I know my way around the city really well.
（一人で上海に着いたときは**心細かった**けれど、今はこの町の地理にとても詳しくなった。）

例に挙げた5つの -less の形容詞のうち3つが同時に含まれている文章を見てみましょう。

The ambassadors had **endless** discussions, but the meetings were absolutely **useless** and the discussions proved to be **fruitless**.
（大使たちは**延々と議論**をつづけたが、それらのミーティングはまったく**役に立たず**、**無駄な議論**になってしまった。）

ここでは、-ful や -less という接尾辞のフィーリングやニュアンスをつかめるように、わざと多くの例文を挙げてみました。このように「**接尾辞は、シンプルでとても役に立つ**」ということがおわかりいただけたと思います。

最後にもう一つだけ、例を挙げたいと思います。
もしあなたが penniless（ペニレス）という言葉を聞いて、その意味がわからなかったとしましょう。その場合は、⚛方式で、関連づけをしてその言葉が使われた状況の文脈を考えると、わからなかった単語の意味が推測できるはずです。

When Kim went to New Zealand he was a **penniless** student, and now he is a **successful** company president.
（注：successful は「success」に、先ほど説明した接尾辞

-fulを付けたものですね)

　この場合、キムさんの「ビフォー・アフター」、つまり昔と今を比べることでpennilessの意味が推測できるのではないでしょうか？
　pennilessという単語の頭の部分はお金の単位であるcent(セント)と同じ意味の古い言葉、penny(ペニー)から来ています。そして、-lessは「〜がない」という意味でした。
　ここまでわかれば、もうpennilessの意味が理解できますね。
　そう、日本語の「一銭もない」「一文無し」とまったく同じ意味です。そこで、先ほどの例文の訳はこうなります。

　　　キムがニュージーランドに行ったときは一文無しの学生でしたが、今は会社社長として大成功しています。

「1-3-5メソッド」⑮
——形容詞を名詞に変える接尾辞-ness

　一部の接尾辞には「『形容詞』を『名詞』に変える」役割があります。
　最も一般的なのは、
　　-ness(-ネス)
です。
　みなさんも-nessで終わる単語を何度も見聞きしたことがあるはずです(実際に、何千もの単語があります)。
　非常に便利なのは、-nessをつけることで、ほとんどの形容詞を名詞にすることができるからです。

　　　light(ライト：明るい、軽い)
　　　　　　↓
　　　lightness(ライトネス：明るさ、軽さ)

bright(ブライト：輝いている、光っている)
　　↓
brightness(ブライトネス：明るさ、輝き)

helpful(ヘルプフル：助けになる、有用な)
　　↓
helpfulness(ヘルプフルネス：助けになること、有用性)

hopeful(ホープフル：希望に満ちた、有望な)
　　↓
hopefulness(ホープフルネス：希望に満ちていること、有望性)

helpless(ヘルプレス：どうすることもできない、無力な)
　　↓
helplessness(ヘルプレスネス：どうすることもできないこと、無力なこと)

hopeless(ホープレス：絶望的な)
　　↓
hopelessness(ホープレスネス：絶望感)

このように、さまざまな形容詞に -nessをつけることで、そのものの「状態」を示す名詞になります。

「1-3-5メソッド」⑯
―― 名詞、形容詞を動詞に変える接尾辞 -ize

他にも、
　　-ize(-アイズ)

```
┌─────────────────────────────────────────────────────────────┐
│ 「1-3-5メソッド」の一例 形容詞・名詞を動詞に変える接尾辞-ize      │
│                                                             │
│         最初の単語                                            │
│      （名詞あるいは形容詞）                                    │
│         special          ┌─────┐    specialize               │
│      （形：特別な、優れた）─┤     ├──→（動：を専門にする）       │
│         memory           │     │    memorize                 │
│      （名：記憶）─────────┤     ├──→（動：記憶する）            │
│         economy          │-ize │    economize                │
│      （名：経済）─────────┤(形／名│──→（動：倹約する、節約する）  │
│         emphasis         │ →動)│    emphasize                │
│      （名：強調）─────────┤     ├──→（動：強調する）            │
│         digital          │     │    digitize                 │
│      （形：デジタルの）────┤     ├──→（動：デジタル化する）      │
│                          └─────┘                             │
├─────────────────────────────────────────────────────────────┤
│ ■名詞や形容詞から、「～化する」という動詞の語彙が一気に増える！ │
└─────────────────────────────────────────────────────────────┘
```

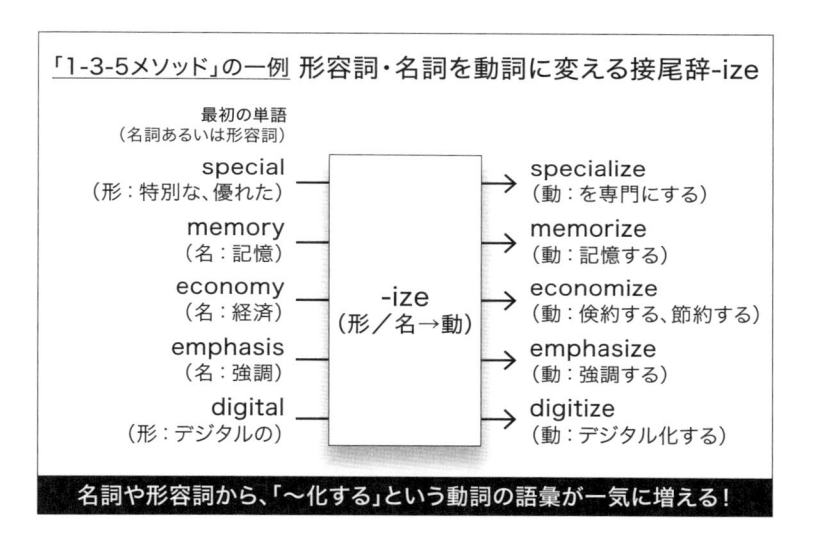

のように「『名詞』や『形容詞』を『動詞』に変える」役割を持つ接尾辞もあります。たとえば、

　　　special（スペシャル：㊡特別な、優れた）
　　　　　　　　↓
　　　specialize（スペシャライズ：㋡専門にする）

　　　memory（メモリー：㋴記憶、思い出）
　　　　　　　　↓
　　　memorize（メモライズ：㋡記憶する、暗記する）

　　　economy（イコノミー：㋴経済）
　　　　　　　　↓
　　　economize（イコノマイズ：㋡倹約する、節約する）

emphasis（エンファシス：㊒強調）
↓
emphasize（エンファサイズ：㊚強調する）

　このように、-izeという接尾辞は、元の名詞や形容詞に類似・関連する「行動」を意味づけしています。元の名詞や形容詞を知っていれば、関連づけをするのは簡単ですね。
　ちなみに、英語の -izeという接尾辞は、日本語の「〜化する」に相当するケースが多いといえます。
　たとえば英語のdigitized（デジタイズド）という形容詞は、日本語で言うと、「デジタル**化された**」という意味の形容詞になります。
　では、次の文章はどうでしょうか？

I broke my leg and now I'm **immobilized** until I get out of the hospital.
（足の骨を折ってしまって、退院するまで**身動きがとれません**。）

　文脈から考えると、説明するまでもなくimmobilizeの意味は明白ですね。でも前にやったことのおさらいとして、言葉を分析して、文脈から意味を推測するというステップで、この単語の意味を考えてみましょう。

im-（イン-）　（「not」を意味する接頭辞「in-」の変形でしたね）
mobile（モバイル）　（「動く能力」を意味する語根）
-ize（-アイズ）　（「immobile」を動詞にする接尾辞「-ize」）

　この、**接頭辞+語根+接尾辞**という三つの要素を結合すれば、「動くことができない」という意味の単語であることがわかります。
　ここからさらに語彙を増やすのに応用できる方法は、**接尾辞 -izeがついた動詞を -ization（-アイゼイション）に変えると、これらの「動詞」の状態を示す「名詞」を作り出すことができる**点です。

たとえば、

 immobile
  ↓ + **-ize**
 immobil**ize**
  ↓ + **-ization**
 immobil**ization**(インモバライ**ゼイ**ション)

で、「動く能力がない(動けない)状態」を示す「名詞」に変えられるということです。

　単語の一覧表を丸暗記する方法は、決して言語を学ぶいい方法ではありません。それよりも、自分で分析して自然に理解することのほうが、言語学習にははるかに有効です。

 Mastering English would be the **realization** of my dreams.
 (英語をマスターすることは、私の夢を**実現すること**です。)

　もうおわかりのように、realization(リアライゼイション)は、まずreal(リアル：現実の)という形容詞に接尾辞 -izeをつけてrealize(リアライズ：実現［現実化］する)という動詞に変えたあと、接尾辞-izationをくっつけて名詞化したものです。そして、例文では「実現(現実化)すること」という意味で使われています。わかりやすく図に示すと以下のようになります。

 real(現実)
  ↓ +ize
 realize(実現［現実化］する)
  ↓ +ization
 realization(現実化すること、実現すること)

「英語をきちんと理解し、ネイティブと同じ程度に話せるようになるためには、最低でも約15,000語の語彙が必要だ」といいました。

STEP 9 語彙を飛躍的に増やす、日本人のための「1-3-5メソッド」

　最初は、この数字(ペラペラ山の標高は15,000語だと考えるとイメージしやすいですね)はとんでもない量に聞こえたかもしれません。
　でも、これまで説明した方法を応用し、倍々ゲームで単語を増やしてさえいけば、実際にはだれにでも実現可能な目標なのです。
　たとえば、real(名現実/形現実の)という単語一つを知っていれば、realiz**able**(リアライザブル：形実現[現実化]**可能な**)、**un**realizable(アンリアライザブル：形実現**不可能な**)、realize(リアライズ：動実現する)、realiz**ation**(リアライゼイション：名実現すること)、そしてrealiz**ability**(リアライザビリティ：名実現可能**性**)のように、あっという間に語彙が5つに増えるということです。それをわかりやすく示したのが、下の図です。

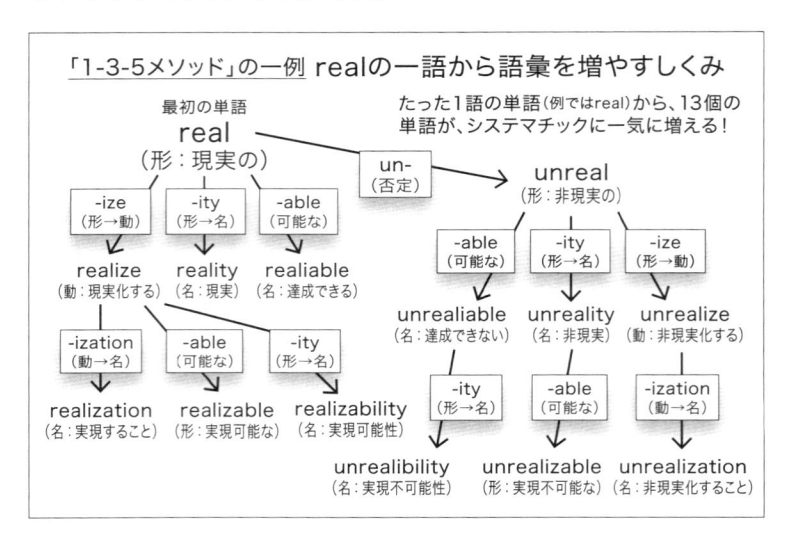

```
「1-3-5メソッド」の一例　realの一語から語彙を増やすしくみ

            最初の単語            たった1語の単語(例ではreal)から、13個の
              real                単語が、システマチックに一気に増える！
           (形：現実の)
                          ┌─────┐
        ┌──────┼──────┐   │ un- │──────→   unreal
        │      │      │   │(否定)│         (形：非現実の)
      -ize    -ity   -able └─────┘     ┌──────┼──────┐
    (形→動) (形→名) (可能な)         -able    -ity    -ize
        ↓      ↓      ↓            (可能な) (形→名) (形→動)
     realize reality realiable          ↓        ↓        ↓
  (動：現実化する)(名：現実)(名：達成できる)  unrealiable unreality unrealize
    ┌────┼────┐                    (名：達成できない)(名：非現実)(動：非現実化する)
  -ization -able  -ity           ┌────┼────┐
  (動→名)(可能な)(形→名)        -ity    -able  -ization
     ↓     ↓     ↓             (形→名)(可能な)(動→名)
realization realizable realizability  ↓       ↓        ↓
(名：実現すること)(形：実現可能な)(名：実現可能性) unrealibility unrealizable unrealization
                                  (名：実現不可能性)(形：実現不可能な)(名：非現実化すること)
```

　そして、実は英単語のほとんどが同じような仕組みになっています。
　みなさんの頭のなかで、一つの単語があっという間に5つになるというのは、たった3,000語だった語彙が、一気に15,000語になる

ということです。これが「1-3-5メソッド」の威力です。

正しい登り方さえ知っていれば、だれでもこれまでより速く、効率的に、頂上に到達できるのです！

「1-3-5メソッド」⑰
——語根のscript、scribeから語彙を増やす

もう一つ、たった一つの単語を知ることで多くの単語が学べる例をご紹介しましょう。

三つの単語をまとめて学べるチャンスがあるのに、一つしか覚えないなんてもったいない。さらには、5つを同時に学べるのに、三つしか覚えないなんてもっともったいない！

ラテン語が語源のscript（スクリプト：⑧）という単語を見てみましょう。

「脚本、台本」という意味のscriptという単語のルーツは、古くインド-ヨーロッパ語族の言語にまでさかのぼり、scratch（スクラッチ：⑩ひっかく）という単語と関連しています。

scriptもscratchも、**なにかをひっかく音を表現する擬音語scr-**から始まっています。

なぜなら、私たち人類は、木の皮や石や壁や、ろう状のものをひっかくことで初めて文字を書いたからです。このように、言葉の変遷が、人類の進歩にまつわる素晴らしいストーリーを教えてくれることがあります。

scriptには、ギリシャ語からラテン語を経由して入ってきた、同じ意味の別の英単語があります。それは、scribe（スクライブ：⑧書記官）です。

de**scribe**（ディスクライブ：⑩描く）という動詞がありますが、太文字で示したように、この単語のなかにも含まれているのがわかりますね。さらに、describeという単語は、名詞になるとdescription（ディスクリプション：描写）となります。

STEP 9　語彙を飛躍的に増やす、日本人のための「1-3-5メソッド」

　-tionは、動詞にくっつければ、その動詞を名詞にします。たとえば、

　　　consume(コン**シューム**：消費する、食べ尽くす)
　　　　　　↓
　　　consumption(コン**サン**プション：消費、食べること)
　　　disrupt(ディス**ラ**プト：混乱させる、中断させる)
　　　　　　↓
　　　disruption(ディス**ラ**プション：混乱、中断)
　　　attract(アト**ラ**クト：引きつける、魅惑する)
　　　　　　↓
　　　attraction(アト**ラ**クション：引きつける力、魅力)

　たまにはスペルが変わりますが、多くの場合は、動詞にそのままくっつけると名詞が簡単にできます。act actionと同じように。
　以下に、同じscribeという語根を含んでいる動詞を並べてみます。すべてが「書く」という行為に関連しているのがわかると思います。

　　　inscribe(インス**クライブ**：[文字などを]刻み込む、彫る)
　　　prescribe(プリ**スクライブ**：指示する、処方する)
　　　transcribe(トラン**スクライブ**：書き換える、書き写す、文字に起こす)

　そして、名詞形はこうなります。

　　　inscription(インス**クリ**プション：記されたもの、碑文、記入)
　　　prescription(プリ**スクリ**プション：規定、指示、処方、処方箋、処方薬)
　　　transcription(トラン**スクリ**プション：写すこと、転写、複写、写し、写本)

　みなさんは、これらの単語に初めて遭遇したとき、とにかくすべての意味を、まず最初に辞書で引こうとするかもしれません。でも、

辞書を引く前に、ぜひ自分自身で「聞いて、見て、考えて！」ください。

すべての言葉にscribeかscriptが入っています。ということは、すべての言葉が「書く」ことに関連しているということです。

これらの単語を、上のような箇条書きのリストのまま、覚えようとしてはいけません。状況がわかる文章のなかで覚えてください。そうやって、scribeとscriptがどういう意味かを理解したあとであれば、他の同じような単語に出会ったときにも、その意味を推測できるようになるからです。

これこそまさに、幼いネイティブスピーカーが、初めて聞く単語にぶつかったときにすることです。

**辞書を引いたりせずに、
単語同士の関連性や文脈から、その意味を推測する**

のです。

次に、やはり**script**が含まれているmanuscript(マニュスクリプト)という単語を見てみましょう。

まず冒頭のmanu-はラテン語が語源のhand(手)を意味する言葉です。

わかりやすい例が、日本語でも一般化している**manual**(マニュアル)です。ご存知のように、マニュアルとは、家電製品を買うとついてくる、その使用方法の説明や指示、その他の情報が書かれている冊子ですね。

別名、「**hand**book(ハンドブック)」とも呼ばれていることでも、manu-が「手」を意味することがわかります。

つまり、manuscriptというのは、「手で書かれたもの→原稿」という意味です。

もう一つ、scribeから、「1-3-5メソッド」を応用できる関連語が

STEP 9　語彙を飛躍的に増やす、
日本人のための「1-3-5メソッド」

あります。
　それはscribble(スクリブル：㊘走り書き/㊙走り書きする)という単語です。誰かがこの単語をブツブツ言いながら、ノートに走り書きをしているのを見たとします。同時に、あなたはscribeが含まれているこの単語と音の関連づけができます。
　そんな経験をすれば、みなさんはきっとこの単語を一生忘れないでしょう。人間の脳というのは、音と視覚からのインプットが同時に入ってきたものをずっと覚えているものなのです。

「1-3-5メソッド」を使えば、15,000語の習得もこわくない

　実は、みなさんの語彙量を15,000語まで増やすのに貢献する、同じような単語は何千もあります。それは、特にラテン語が語源(フランス語経由であることが多いですが)の単語です。
　安心していただきたいのは、みなさんの目指す15,000語のなかには、これまで見てきたように、ある一つの単語から派生し、意味や音が似たような別の単語も含まれます。それらも数のうちに入れるので、実は15,000語の語彙といってもそんなに驚くほどの量ではないということです。
　たとえば、possible(ポッシブル：㊗可能な)とimpossible(イムポッシブル：㊗不可能な)は2語、air(エア：㊘空気)とconditioner(コンディショナー：㊘調整装置)と、その二つが組み合わさってできた、air conditioner(エアコン)で、合計3語として数えます。

　接頭辞のin-が「否定」を意味すること、そして2文字目の「n」はその次に来る単語の頭文字と同じものに変化するという話をしたのを覚えていますね(P122〜)。
　このルールどおり、mobile(モバイル：㊗可動性の)の否定形は、immobile(イモバイル：㊗動かない、固定された)になります(ただ

140

し、例の英語の「連接」の働きによって、immobileは「インモバイル」ではなく、「イモバイル」と発音されることに注意してください)。
　同様に、これらの単語に、前述したさまざまな接尾辞をつけることで、みなさんは、次の8つの違う単語を「一気に」学べることになります。

　　　　mobile(モ**バ**イル：形可動性の)
　　　　　↓
　　　　mo**bi**lity(モ**ビ**リティ：名可動性)
　　　　　↓
　　　　mobilize(**モ**ビライズ：動自由に動くようにする)
　　　　　↓
　　　　mobili**za**tion(モビライ**ゼイ**ション：名可動性)
　　　　　↓
　　　　im**mo**bile(イ**モ**バイル：形動かない)
　　　　　↓
　　　　immo**bi**lity(イモ**ビ**リティ：名不動性)
　　　　　↓
　　　　im**mo**bilize(イ**モ**ビライズ：動動かなくさせる、静止させる)
　　　　　↓
　　　　immobili**za**tion(イモビライ**ゼイ**ション：名不動化、固定化)

　もしみなさんが約3,000語を覚えることができれば、ここで紹介した「1-3-5メソッド」を使って、3,000語をあっという間に15,000語にすることができるということです。
　それはすなわち普通の日常会話やほとんどの「書き言葉」に必要な語彙の95％を学んだことになります。
　どうか、あきらめないで！

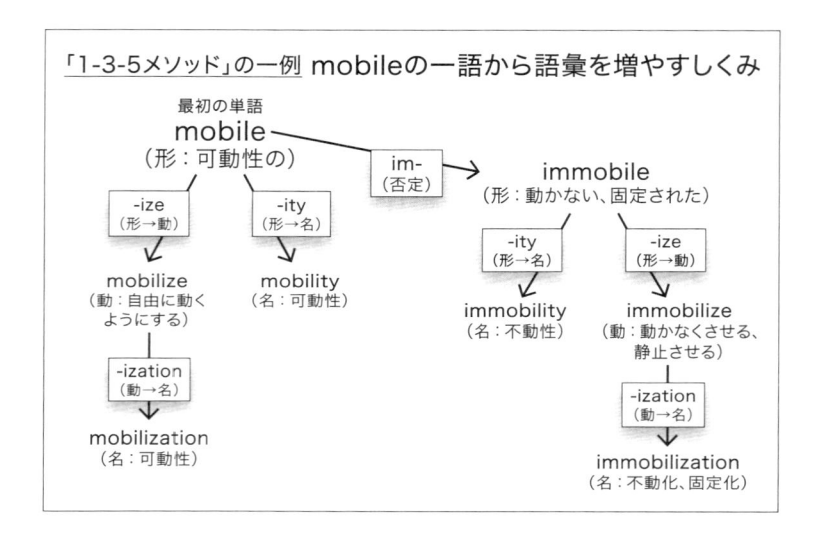

STEP 9 語彙を飛躍的に増やす、日本人のための「1-3-5メソッド」

「1-3-5メソッド」の一例 mobileの一語から語彙を増やすしくみ

最初の単語
mobile
（形：可動性の）

- im-（否定）→ **immobile**（形：動かない、固定された）
- -ize（形→動）→ **mobilize**（動：自由に動くようにする）
  - -ization（動→名）→ **mobilization**（名：可動性）
- -ity（形→名）→ **mobility**（名：可動性）

immobile から：
- -ity（形→名）→ **immobility**（名：不動性）
- -ize（形→動）→ **immobilize**（動：動かなくさせる、静止させる）
  - -ization（動→名）→ **immobilization**（名：不動化、固定化）

「1-3-5メソッド」⑱
――語根のtractは「引っ張る」という意味を含む

　では、語彙量を飛躍的に増やすシステムの、三つめの代表例を見てみましょう。それは、tract（トラクト：㊅）という単語です。

　tractの語源は、「to pull（引く、引っ張る）」という意味のラテン語です。

　この言葉のイメージとして、農地を耕す機械、「tractor（トラクター：㊅）」を心に刻んでください（日本でも外来語が一般化して「トラクター」と呼びますね）。

　このtractという語根が含まれている、以下のような動詞のほとんどが、何かを「引っ張る」ことに関連しています。

　　　attract（アトラクト：引きつける、魅力がある）
　　　detract（ディトラクト：損なう、減じる、落とす）

contract（コントラクト：縮まる、収縮する、契約する）
　　　subtract（サブトラクト：引き算をする、取り去る、差し引く）
　　　distract（ディストラクト：気を散らす、心をかき乱す）

　では、語根のtractが含まれるこれらの言葉がどういう意味かを覚えるためのとてもビジュアル的な例をご紹介しましょう。
　この例には、上のリストにはありませんが、extract（エクストラクト：引き抜く、抜き出す）という動詞を使います。

　　　The dentist **extracted** one of my teeth and for hours my jaw was swollen like a balloon.
　　　（歯医者さんに歯を**抜いて**もらったら、何時間もあごが風船のように腫れていた。）

　この「風船みたいなあごをした人が、抜けた歯を持ち上げている」様子を心に思い浮かべながら、「extract、extract、extract、extract、extract」と、何度も繰り返し声に出して言ってみてください。extractは、歯を引き抜かれるイメージを脳に焼きつけることで、もうこの単語をすぐに忘れることはないでしょう。

　また、他にもtractを含んだintractable（イントラクタブル）という難しそうな形容詞があります。日本語では「手に負えない、扱いにくい」という意味です。
　でも、これまで説明してきた「1-3-5メソッド」を応用して、この単語をよく見れば、もう辞書を引かないでも十分に意味を推測することができるにちがいないと思います。
　in-は「否定」の接頭辞、tractという語根は「引っぱる」、-ableは「可能」を意味する接尾辞ですから、まとめれば、「引っぱることができない」。
　すなわち「手に負えない、扱いにくい」という意味になりますね。
　このintractableという単語は、ある「状況」や「人」の説明の両

方に使えます。

> The problem of how high taxes should be is an **intractable** one.
> （税率はどの程度であるべきなのかというのは、**手に負えない**問題だ。）
>
> He is so **intractable** that it is impossible to work with him.
> （彼はすごく**扱いにくい**人なので、一緒に仕事をするなんて不可能だ。）

このintractableという言葉を初めて聞くネイティブスピーカーと同じように、みなさんもこの例文を聞いたときにこの単語の意味を独力で推測することができるか否か？

もし「ネイティブスピーカーのマインドセット」をある程度身につけていれば、答えはもちろん「イエス」です。

言葉を聞いて、関連性を分析してください。「tract」…、「tractor」…、「引っ張るもの」…、「in-と-ableで不可能」…、という具合に分析してみてください。

そして、状況を考える。

一つめの文章では「税金の問題」、二つめのでは「一緒に仕事するのが不可能な男の人」という状況の手がかりがありますね。「intractableってどういう意味？」と聞くのではなくて、ネイティブスピーカーのように「音」と「関連性」と「状況」をもとに、言葉を学ぶようにしてください。

単語の「音」と「イメージ」をセットにして、脳みそに焼きつける。

このことをぜひ忘れないでください。

「1-3-5メソッド」⑲
──アングロ-サクソン語語源の単語から語彙を増やす

　前述したtractor、describeなどの単語は、その単語のパターンから意味を分析することが比較的簡単にできます。なぜなら、その語源はすべて「ラテン語」だからです。

　しかし、ラテン語に限らず、「アングロ-サクソン語」に起源を持つ単語でも、その語源を知ることで、語彙を飛躍的にアップさせる一助になります。

　一例として、アングロ-サクソン語が語源のoversee(オーヴァースィー：動)という言葉を見てみましょう。

　この単語は二つのパートにわけられます。「over」と「see」ですね。

　なので、この単語の意味を推測するのは難しくないはずです。

　前に、「(hardとdifficultや、interimとmeantimeのように、)英語はまったく同じ一つのものごとを表すのに、少なくとも二つの単語がある」という話をしました。このoverseeという単語にもまったく同じ意味のラテン語が語源の単語があります。それは、

　　　supervise(スーパーヴァイズ：動)

です。

　この二つの単語(動詞)の意味は共に、「監督する、監視する、監修する」です。

　super-はover(副〜の上、〜より高い)、またはabove(副〜の上に)の意味の接頭辞で、-viseはto see (見る)という意味のラテン語の単語の語根からできたのです。

　super-は、日本でもおなじみのsuperman(スーパーマン)やsuperb(スパーブ：形素晴らしい、最高の)という単語の素(もと)にもなっています。

　またviseは、vision(ヴィジョン：名視覚、理想像)、visible(ヴィ

ズィブル：㊅目で見える）、visual（**ヴィジュアル**：㊅視覚的な）などの単語のルーツになっています。

無意識に使っている膨大な外来英語を調べ直し、語彙に取り込む

　英語の語彙を増やすにあたって、日本人に特有の大きな強みが一つあります。それは、みなさんが、言葉のなかに、すでに膨大な量の外来英語や英語表現を、きわめて日常的、かつ無意識に使っているという事実です。

　自国語の乱れを防ぐために、一昔前まで外来語を厳しくチェックしてきたフランスなどとは違い、日本と日本人の世界でも際立った特徴の一つは、江戸時代の鎖国期間は除いて、古来から、外来の文化や言語に対して抵抗感が少なく非常に寛容な点だと思います。

　たとえば、中国や欧米の文化はもちろん、漢字やオランダ語、英語の他言語さえもどんどん取り入れてきました。そして、日本人はそれをうまく自国の文化や言語と融合させて、いつのまにか日本化して独自の文化を生み出してきたのです。

　なかでも戦後、特に英語の外来語は一気に増え、テレビなどの影響もあって、急速、かつごく自然に一般庶民の間に広まり、ごく普通に使われてきました。今でもその特質は変わりませんが、特にインターネットの急激な普及によって、以前よりもさらに、その輸入と同化のスピードと量は増大しています（ご存知のように、それは日本に限ったことではなく、世界中で起こっている現象ですが）。

　つまり、小さな子供から若者はもちろん、団塊世代あたりまでも含めて、実は現代の日本人は、膨大な量の外来英語をまったく「無意識」に、まるで日本語のように、日常生活のなかでごく当たり前に使っているわけです。

　これらの外来語は和製化して、もともとの英単語の意味も発音もほとんど日本流に変形してしまっていることは事実ですが、日常的

な事柄に関することはもちろん、スポーツ、芸能、コンピュータ、IT、経済、政治などの用語に関しても、今流行中の英単語は知らず知らずのうちにどんどん普通の会話のなかで使っているはずです。

こんなにもある、日本人が日常で使っている外来英語

　たとえば、日常生活用語でいえば、デスク(desk)、ランチ(lunch)、ディナー(dinner)、テーブル(table)、キッチン(kitchen)、マナー(manner)、ダイエット(diet)、クレジット(credit)、ジョギング(jogging)など、子供でも知っている簡単なものから、リサイクル(recycle)、ボランティア(volunteer)、コミュニティ(community)、ワークショップ(workshop)、ワークアウト(workout)、メンタリティ(mentality)、ストレス(stress)、リアクション(reaction)など、また、ドグマチック(dogmatic)、ドラスティック(drastic)、パフォーマンス(performance)、エンターテインメント(entertainment)、アニバーサリー(anniversary)などという一見して難しそうな単語まで、日本人はごく普通に、かつ自然に使っていますね。

　他にも、ビジネス関係であれば、キャリア(career)、クライアント(client)、オーソライズ(authorize)、ソリューション(solution)、コンセプト(concept)、イノベーション(innovation)、ベンチャー(venture)など。

　コンピュータやIT関係の言葉も、ネットワーク(network)、リセット(reset)、デスクトップ(desktop)、ワイヤレス(wireless)、ディスプレー(display)、ハブ(hub)など、そのほとんどが英語で占められていて、ゲームやSNS、最近ではライン(LINE)などに夢中な小学生たちのあいだでさえ、かなり専門的な用語も日常的に使われているくらいです。

　また、比較的に最近の社会現象の流行語でいえば、○○ハラスメント(harassment：いやがらせ)、アセスメント(assessment：査定、

評価)、コンプライアンス(compliance：法令遵守)などなど、数え上げたらきりがありません。

みなさんが無意識に使っているこのような英単語の語彙を、ときに実際の会話のなかで利用しない手はありません。

根本的に意味が間違っていたり、限定的に使われている外来英語を見直す

しかし、その際に注意しなければいけないのは、これらの外来英語が、必ずしもネイティブスピーカーに正しい英語として通じるということではありません。間違いや誤解、ときには大失敗をするかもしれないでしょう。

まず最初に、元の英単語が、日本では非常に限られた意味や間違った意味として定着してしまったものが数多くあるからです。

たとえば、日本では当たり前に集合住宅のことをマンションといいますが、ネイティブスピーカーから「あなたはどんな家に住んでるの？」と聞かれて、「あ、マンションに住んでます」などと答えたら、相手は目から星を出しながらあなたをうっとりと見つめ始めるかもしれません。

というのは、英語でマンション(mansion)といったら、館やお屋敷のような大邸宅を意味するからです。日本で言うマンションは、残念ながら、英語ではアパートメント(apartment)とかフラット(flat)、あるいはコンド(condo)などと言います。

また、エスニック(ethnic)というおなじみの外来英語も日本では本来の英語の意味の一部として捉えられているだけです。

日本では、「エスニック料理」とか「エスニックな雰囲気」など、ほとんど「エキゾチック(異国風、異国情緒)」と同じような意味やニュアンスで使われていますが、本来、エスニック(ethnic)とは、「同じ言語文化を共有する民族の」とか、「民族的な」という意味の

ほうが主流で使われます。
　ジンクス(jinx)という言葉も同様です。
　昔、私は演出家として、素晴らしい女優だった岸田今日子さんと一緒に芝居を作る機会が二度ありました。ある日、今日子さんは、こう言いました。
　「あの劇場で喜劇をやるとジンクスがあります」
　「ああ、そう」と私は言いました。
　「そうなの。必ず当たるんです」
　「えっ？　でも、ジンクスがあるんでしょ？」
　「そうですわ。必ず当たるから」
　私はまったく腑に落ちませんでした。あとでわかったのですが、日本人が使う「ジンクス」は、縁起の悪いこともあれば、縁起のいいこともある、ということです。しかし、その生みの親である英語のjinx(ジンクス)には、決まって縁起の悪いこと、悪運という意味しかありません。まあ、そのあとの彼女の「演技」は素晴らしかったので、納得しましたが。

日本人がよくやる、間違った意味の外来英語を使った失敗例

　たとえば、次のような状況を考えてみてください。俳優のジョニー・デップに会う機会があったとします(あくまで仮定ですが！)。あなたは、ペンと映画のプログラムをしっかり手に握っています。するとそれを見たジョニーがあなたに近づいてきたので、あなたは思い切ってこう言いました。

　　　　Would you give your sign, please？

　それを聴いたジョニー・デップは、？マークだらけの表情をして、苦笑いして途方に暮れていました。なぜかおわかりでしょうか？
　日本流でいうサイン(sign)の意味は、英語では一般的に「看板」

という意味だからです！　英語では日本のサインのことはautograph（オートグラフ）と言います。つまり、あなたはジョニー・デップに、「あなたの看板、ぜひいただけませんか？」と聞いてしまったわけですね（しかし、「サインする」という動詞なら使えます）。

　えらそうに言っている私ですが、実は、自分にも似たような経験がありました。意味をよく知っていると思っていたある日本語が、日本人にはまったく通じなかった体験談です。

　私は、1967年に初めて日本に来た当時、ひと言も日本語を話すことができませんでした。その後、かなり短期間で日本語を身につけることができましたが、当然ながら、最初の数カ月は「流暢な日本語」からはほど遠い状態でした。

　そして、同じ年の12月に四国を旅行しました。旅館に着いて、引き戸を開けてなかに入り、玄関に立った私を出迎えてくれた宿の主人は、年配の女性でした（宿の女主人のことを「おかみさん」と呼ぶことはその後に知りました。なんと、しばらくは「お神さん」だと勘違いしていたのです！）。

　そのときの会話はこうでした。

　「ヘヤ、ありますか？」
　「ええ、ございますよ」
　「おいくらですか？」
　「1000円です、２食付き」
　「ニショクツキ？」
　「はい」
　「安くしてくれますか？」
　「ええ、ベンキョウしますよ」

　ベンキョウ？
　この言葉の一般的な意味と漢字は「辞書」で調べて知っていたのですが、「私と英語のベンキョウをしたいから、その分ヘヤの値段を下げてくれると言っているのかな？」と思っていたのです。

つまり、日本語でも英語でも、辞書を引いて丸暗記してもダメで、単語の意味は生きた文脈やさまざまな状況のなかで決まってくるということです。

日本人がよくやる、和製英語を使った失敗例

また、まるで英語のように聞こえるけれど、実は日本人のだれかが勝手に作り、日本人の多くが英語と勘違いしているニセ英語、つまり「**和製英語**」といわれるものも多くあります。

たとえば、ネイティブスピーカーの彼氏と一緒にディズニーランドの花火を見て、英語で「わあ、**ファンタジック**だわ〜〜！」と言っても、彼にはまったく通じないでしょう。ファンタジックは日本で作られた完全な和製英語だからです。

では、英語ではなんというか。正解は、fantastic（ファン**タ**スティック）です（幸いにして、ファンタジーは、英語でもfantasyで同じです）。

また、一昔前までは「あなたのお仕事は？」と聞かれて、「サラリーマンです」と答えても相手は「？？？」という表情を浮かべて首をかしげたでしょう。英語で「会社員」のことは、ふつうwhite-collar workerと言ったからです（今でもそう言うのですが、ただ最近では、salarymanも立派な英語になってきました）。

オートバイという英単語も存在しません。英語ではmotorcycle（**モ**ータサイクル）です。ついでにいえば、ガソリンスタンドもそうです。アメリカン英語ではgas station（ガス・ス**テ**ーション）です。

食べ物関係の言葉にも誤解を招く表現があります。バイキングやスナックやハンバーグという外来英語も通じないでしょう。

そういえば、昔、日本のあるレストランで「パインサンド」というメニューを見かけたことがあり、ボーイさん（これも和製英語ですが）にこう聞いてました。

「すみませんが、『松の砂』ってどんな料理ですか？」
「え？」
「ここに書いてある『松の砂』。つまり、パインサンド。和食ですか、これ？」
「いえ、洋食です」
「ヨウショク？」
「ええ。パイナップルサンドイッチです」

2020年に東京オリンピックが行われる前までには、全国のレストランや「スナック」では、くれぐれも外国人に通じる英語のメニューを作ってもらいたいものですね。

また、ふんわりととろけるような「シュークリーム」は日本人の大好物の一つですね。でも、もし「シュークリームが好き！」と言いたくて、「I love to eat **shoe cream**！」というように、シュークリームをそのままの発音で使ったとしたら、ネイティブスピーカーは「日本人の食生活はいったいどうなってるの？」とあきれてしまうでしょう。

これでは「私ったら、**靴の**クリームが大好きなの！」という意味になってしまうからで、シュークリームは、英語では「shoe cream」ではなくて「cream puff」と言います（ちなみに、日本語のシュークリームは、この菓子のフランス語名「chou à la crème」［シュー・ア・ラ・クレム］から来ています）。

では、日本流英語の間違いから起こる、もう一つおもしろい例を。

ひと昔前、ある日本人の商社マンが、アメリカで、彼のアメリカ人女性秘書のそばに来てこんなことを言いました。

  I want a hotchkiss.
  （ホッチキスがほしいんだけど。）

この商社マンは、日本語の「ホッチキス」は英語でも同じ発音と意味だろうと思ってしまったのです。

実は、手短に言うと、日本語の「ホッチキス」は、イーライ・ホ

ッチキスという実業家が例の製品に自分の名前をつけて売り出した商品名から来ているのです。しかし、英語のネイティブスピーカーは「ホッチキス」が何なのかまったく知りません。というのは、ホッチキス氏はまず韓国でホッチキスを売り出し、1910年に日本が韓国を併合したことで、日本でもホッチキスと言うようになったのですが、アメリカにはこの商品名が伝わらなかったからです。

　さて、商社マンからhotchkissをくれと言われた女性秘書は当然ながら、彼の言った意味がまったくわかりませんでした。そこで彼は、げんこつを開いたり閉じたりして、ホッチキスを使う仕草をしながら、大声で「I want a hotchkiss！ From you！」と繰り返しました。

　これは大失敗でした。これと似た発音のせいで、秘書は、自分の上司が「hot kissをしてくれ」と言っていると思ったらしいのです。当時はまだセクハラで大問題になることがなかった時代だったので、この商社マンはラッキーでしたが。

発音など気にしない！
とにかく和製英語でもどんどん使ってみる！

　しかし、結局、ここで私が言いたいことは、これまで**日本に無数に入ってきた外来の英単語を確認し、正確に利用すれば、みなさんの英語の語彙を増やすことができる**、ということです。

　本来の英語とは異なる和製英語でも、どんどん使ってみるほうが、何も言わないでコミュニケーションが中断したり、成り立たなくなってしまうことなどよりも、ずっとましだからです。

　そして、それに加えて、ここでみなさんにぜひ言っておきたいとの本質。それは、とりあえず**発音など気にせず、身振り言語（ジェスチャー）も駆使して、自分の意思を伝達してみる**ことです。

Give it a try !
（とにかく、やってみる！）

　発音や意味が違っているかもしれない、和製英語かもしれないと思っても、決して気後れなどせず、どんどん試してみることが、コミュニケーションにとって一番大切なことなのです。

　シェークスピアは「言葉。言葉。言葉。」と言いました。
「言葉」とは、現実のイメージを私たちの心に呼び起こす「音」なのです。
　一度、その「音」とイメージが心に刻まれれば、あなたはその言葉を手に入れたと同然です。
　そしてあなたが手に入れた言葉たちが、山登りのスピードを上げる装備や道具になるのです。

STEP 4

英語の難所を乗り越える

"Those who know nothing of foreign languages know nothing of their own."

———— Johann Wolfgang von Goethe

外国語を一切知らない人は、自分の言語も知りえない。

———— ゲーテ

STEP 4 　英語の難所を乗り越える

英語の難所①
——「語順」が絶対であること

「音」と「語彙」の次にくる英語の第三の難所は「語順」です。
　英語には、他の多くの言語にあるような、名詞や形容詞の格変化がないので、たいてい語順によってのみ、それぞれの単語がその文章のなかでどのような役割を果たすかが決まるのです。
　たとえば、

　　　　　　I love that book.（私はその本が好きです。）

という文章をロシア語で言ったとすると、thatとbookにあたる単語の語尾が変化することで、それが目的語であることが一目瞭然になります。
　ですからロシア語では、I love that book.をI that book love.と言うこともできるし、That book I love.やThat book love I.と言うこともできるのです。
　ところが英語の場合は、「他の本に比べて、ある一冊の本が好き」だということを強調するThat book I love.以外は、語順を変えると意味がほとんど通じず、間違いになってしまいます。
　多くの人は、その単語が文章のなかでどのような役割（格）を果たしているかによって語尾を変化させなくてはならないロシア語は難しそうだと考えます。しかし、私は、きっちりと決まった語順を守らなくてはならない英語よりは、語順を自由に変えられる？ロシア語のほうがよっぽど簡単だと思っています。

英語の難所②
——「句動詞」の代表例その１　put up with

　また英語には、この語順をさらに複雑にする、「フレーズの分離」という現象があります。

英語で「がまんして！」という意味の文章を例に説明してみましょう。
基本的な英訳はこの二つです。

  Put up with it.
  Be patient.

ラテン語が語源のpatient(**ペイ**シャント：㊗がまんする)という単語は、文字数は多いですが、たった一語で表現できるので、アングロ-サクソン語が語源の「put」「up」「with」「it」よりも簡単です。
なぜならネイティブスピーカーでない人は、この４つの単語をこの語順どおりに覚えなくてはいけないからです。さらに複雑なことに、「**句動詞**」には一つ以上の単語が含まれていて、フレーズが分離される場合が多いからです。
句動詞とは、「動詞＋副詞」または「動詞＋副詞＋前置詞」によって構成され、特別な意味を生じる**熟語動詞**のことです。
英語には文字どおり何千もの句動詞があり、それらの句動詞は理解するのも辞書で引くのも難しいものです。
ラテン語またはギリシャ語が語源の、長くて難しい単語が使われていたら、その単語を辞書で引いて、意味を確認することも簡単にできますが、アングロ-サクソン語系の短い単語の組み合わせでできている句動詞は、その意味をつかむのが容易ではありません。

先ほどの「put up with(がまんする)」を使った次の文章を見てください。

  You will have to **put up** for the time being, at least until you get used to driving a car and feel comfortable behind the wheel, **with** walking to work.

わかりやすいように、わざとwithという単語を太文字にしてあります。ネイティブスピーカーでない人の多くは、この文末近くにあ

るwithを見て、「このwithは、こんなところで何をしているんだろう？　どういう意味だろう？」と不思議に思うに違いありません。

しかしいうまでもなく、この「with」は、「put up with」という句動詞の一部なのです。一つのフレーズが途中で分けられて、真んなかに他の情報（多数の単語）がはさまれているのです。そういうわけで、先ほどの文章はこのような意味になります。

>「少なくとも車の運転に慣れて、運転するのが心地よく感じられるまで、しばらく**がまんして**、歩いて仕事に行かなくてはなりません。」

次にこの文章を見てください。

> **Give** everything you are doing at the office every day, working as you do with Akira, **up** and join me in my company.

文学作品に出てくるような文章ではないかもしれませんが、日常会話にはありそうな文です。後ろのほうに表れる太文字、upを見てください。

これまた、いったいなんでこんなところにupがあるのでしょうか？

そうです。このupは、なんとこの文章の最初の一語、giveから始まるgive up（あきらめる）という句動詞の片割れなのです。

日本語に訳すとこうなります。

>「今、毎日アキラさんと組んでやっている仕事なんか**やめて**、ぼくの会社に来なよ。」

つまり、「英語山」の登山道を険しい坂道にしているのは、動かすことのできない語順だけではありません。

このような句動詞を使う場合、文章のなかで、その語順が途中で分離されてしまうこともあることが、私たちが目指す「ペラペラ山」

への道のりをさらに険しいものにしているのです。

英語の難所②
──「句動詞」の代表例その2　to be out of

　これからご紹介する句動詞の例の2番目、「**to be out of**」と「**to be into**」(be[動詞]＋out[前置詞]＋of[前置詞] と、be[動詞]＋into[前置詞] の組み合わせです)は、構成している単語そのものはまったくといっていいほどシンプルです。でも、その意味はちょっと厄介です。

　またその次に「**get over**」(動詞＋副詞)という句動詞を紹介します。これも構成要素の単語はきわめてシンプルで、中学生でも知っている単語です。しかし、この三つは同じ単語の組み合わせでできている句動詞でありながら、まったく違う意味になることがあります。

　つまり、すべての句動詞は文脈によって意味が決まる。逆説的にいえば、**句動詞は文脈をしっかり見ないかぎり意味が決まらない**、ということです。

　したがって、句動詞を学ぶには、先ほど紹介した、3ステップの学習プロセス──見て、聞いて、考える──のうちの「考える」のステップで、しっかりと考えなくてはなりません。

　とにかく、句動詞が出てきたら、次の三つのポイントで分析してみてください。

　　① **まず、だれが言っているのか？**
　　② **あなたは、その人がなにを言おうとしていると思うのか？**
　　（そうです。相手がなにを言おうとしているのか、直感を使って予測すべきなのです）
　　③ **全体の状況は？**

　では、一つめの例文(**be**[動詞]**+out+of**)から見てみましょう。

Makoto is really **out of** it.

　だれかが「マコトは**out of** itだ」と言ったら、どういう意味になるでしょうか？　実はこの同じ句動詞を使った場合には、その文脈次第で、以下のように、基本的に違う二つの意味が生じてきます。

　　　　　① 　マコトはもうそれをやっていない。

　たとえば、「マコトは昔サッカーをやっていたけれど、『今はやっていない』」という意味のような場合、この「out of it」を使います。
　もう一つ、

　　　　　② 　マコトは全然わかっていない。

マコトがまったく予想不可能なことや軽はずみなことをしているような場合です。
　たとえば、「マコトはエミの気持ちをわかっていると思っているが、『実はぜんぜんわかっていない』」というようなときに「**really out of it**」を使います。
　次は、be［動詞］＋into［前置詞］です。

　　　I'm seriously **into** cooking now.

　この「be into *something*」は日本語の「〜に凝っている」という意味です。
　また、同じ文章に出てくるseriouslyは「very much（とても）」を表現する用法として近年になって登場したのですが、現在は日常的にとてもよく使われる言い方になりました
　ですので、例文は「ぼくは今、**マジで料理に凝っている**」という意味になります。

英語の難所②
——「句動詞」の代表例その３ get over

　以下の例文にある get over も、英語には数えきれないほどある、複数の意味を持つ慣用句の一つです。

　　　I can't **get over** the death of my friend.

　この、友人の死に関しての「get over」は「受け入れる」「納得できる」という意味です。
　では、次の例ではどのような意味で使われているのでしょうか？
　ある夜、私の妻が、着飾ってリビングルームに入ってきて、とりわけ美しかったとしたら、

　　I **can't get over** how beautiful you look, sweetheart.

と言うでしょう。
　ここでの「get over」は、「驚き」を示唆しているのです（もちろん、どんな奥さんも、夫の目にはいつも美しく見えていると思いますが）。
　この表現は、「信じられない」という日本語に訳すことができるでしょう。でも、この例文の場合は、「信じられない」なんて言うと奥さんに怒られてしまうかもしれません。
　英文を日本語に翻訳するときによくあることですが、言葉数は少ないほうがより正確でベストな訳になるでしょう。なので、「いや、キレイだな」がいいかもしれません。
　逆に、もしこの日本語表現が日本語の脚本や小説に出てきたら、私はたぶん、「I can't get over how beautiful you look.」と英訳するでしょう。これを「Oh, you're so beautiful.」としてしまったら、本来のニュアンスが失われてしまうと思うからです。
　同じ文中に出てくる「sweetheart」というのは、簡単には日本語にならない単語です。私は、この単語を「あなた」と訳して使える日本の女性たちがうらやましいです。

STEP 4 英語の難所を乗り越える

　でもわれわれ男性陣はそのようには使えません。私の友人で、日本人女性と結婚したヨーロッパ人男性、正確にはスペイン人の男性ですが、彼はよく「あなた、ビールを持ってきて！」などと言っていました。二人の間ではそれでもいいのですけど、まわりに他の日本人がいる場合などには、ちょっとおかしく聞こえるものですね。

英語の難所②
──「句動詞」の代表例　その4　hold＋前置詞

　句動詞は、「英語のマインドセット」のど真んなかにある大切な要素ですので、さらにいくつかの例文を紹介したいと思います。
　hold（ホールド：動 持つ）という動詞はだれもが知っていますね。
　ビートルズの最も有名な曲の一つは「I Want to Hold Your Hand」という題名でしたし、恋人から「Hold me!（抱いて！）」と言われれば、だれでもうれしくなってしまいますね。
　では、みなさんは、次の句動詞をすべて理解して使うことができますか？
　ただし、前述した「連接」によって、ネイティブスピーカーのように、「ホールドン（hold on→holdon）」や「ホールディン（hold in→holdin）」というように、一つの言葉のように発音することを忘れないでください。

　　　　　　　　　　発音
　　hold on　　　　（ホールドン）
　　hold in　　　　（ホールディン）
　　hold down　　　（ホールダウン）
　　hold off　　　　（ホールドフ）
　　hold out　　　　（ホールダウト）
　　hold up　　　　（ホールダップ）

　これらの句動詞はすべて、holdの基本的な意味に関係している

ものの、具体的には、それぞれはっきりと区別された異なった意味があります。そして、厄介なことに、それぞれかなり違う意味になります。

では、それぞれの意味を推測するために必要な、「状況」を付加した例文にしてみます。

I'll be with you in a minute. **Hold on.**
(すぐ行きます。ちょっと**待って**。)

This suppository needs five minutes to work. **Hold it in.**
(この座薬が効くまでには５分かかります。**入れたままでがまんして**。)

Jim couldn't **hold down** a job for more than a few months.
(ジムは、数カ月以上は仕事を**続けられません**でした。)

Hold off, will you？ Your girlfriend needs some space. Leave her alone for a day or two.
(**ほっといてよ**。あなたのガールフレンドは自分のスペースが必要なのよ。一日か二日、一人にしてあげて。)

We've only got food for one more day. We can't **hold out** much longer.
(あと一日分の食料しかない。もう長くは**持ちこたえられない**よ。)

次に紹介する「hold up」にはまったく異なる二つの基本的な意味があります。

I'm sorry to **hold** you **up,** but could you wait here another 10 minutes？
(**引き止めて**すみません。あと10分ここでお待ちいただけますか？)

I was **held up** in New York and my wallet was stolen.
（私はニューヨークで強盗にあい、財布を盗まれた。）

ここで、二つの柱からなる句動詞学習のルールをお教えします。

① 句動詞は「一語」として覚える
② 状況を分析して、よく考えて、意味を推測する

句動詞は、ほとんど「会話」の文脈のなかでしか学べないもので す。

その会話というのは、自分が参加している会話でもいいですし、聞いているだけの他人の会話でも、本で読む会話でも、演劇や映画やテレビ番組のなかの登場人物たちの会話でもかまいません。とにかく、

聞く！　聞く！　聞く！

そして聞きながら、瞬時に、どんな人(年齢、性別、職業、趣味など)が話しているのか、どういう状況なのか(口論をしている、仲間の噂をしている、意見の違いや、人物やものの好き嫌いを言い合っているなど)を分析して、何を言っているのか、次に何を言いそうなのかを考えてください。

そして、句動詞は「連接」のように、「一つの言葉」として学ぶ。このようなイメージです。

give into	→	**giveinto**（ギ**ヴィ**ントゥ）
put up with	→	**putupwith**（プ**タ**ップウィズ）
be out of	→	**beoutof**（ビー**ア**ウトブ）
get over	→	**getover**（ゲ**ト**ーヴァー）

「getとoverを一緒に使った句動詞は、こういう意味だな」と言うのではなく、「今覚えようとしているフレーズは、getover、getover、getover、getover」と言ってみてください。

発音は、「ゲット　オーヴァー」ではなく、「**ゲトーヴァー**」です。
　二つめの「putupwith」は、「プット　アップ　ウィズ」ではなく、「**プタップウィズ**」です。
　これが、ごく普通のネイティブスピーカーの英語の学び方、話し方なのです。

　言語を学ぶというのは、受け身の作業ではありえません。他の人が話すのを聞いているだけのときでも、きわめて能動的でないとなりません。「聞く！　聞く！　聞く！」の次は、

　　聞いて、見て、考える！

　みなさんが参加しているものも、見聞きしているだけのものも含めて、すべての会話がレッスンです。あなたは、常に「参加者」なのです。受け身の学習などというものはありません。
　私は、みなさんにはぜひ、能動的に学ぶ人間になっていただきたいのです。
　他の人が山に登っているのをじっと立って眺めているだけでは、あなたはいつまでたっても山に登れませんから。

英語の難所③
──アクセントやイントネーションで文意が変わる

　もう一つ英語の難しいところは、「強勢（音の強弱のアクセント）」をマスターする必要があることです。
　ここでいう強勢アクセントには二つあって、それぞれの単語のアクセントと、文章の中にあるアクセント、すなわち、一般的に「イントネーション」と呼ばれるものです。
　最初に、単語の強勢アクセントについて考えてみましょう。
　英単語の強勢アクセントが複雑なのは、ある言葉に語尾が加わることで、アクセントの位置が変わることが多いからです。

PHO-tograph(**フォ**トグラフ：⑧写真)とpho-TOG-rapher(フォ**ト**ーグラファー：⑧カメラマン、写真家)ではアクセントの位置が変わります。

Psy-CHO-logy(サイ**コ**ロジー：⑧心理学) と psy-cho-LOG-ical(サイコロ**ジ**カル：⑱心理学的な、精神的な)もそうですし、Ja-PAN(ジャ**パ**ン：⑧日本)、Ja-pa-NESE(ジャパ**ニ**ーズ：⑧日本人/⑱日本の)もそうです。

スペルがまったく同じなのに、アクセントの位置が変わると、完全に違う意味や機能をもつ単語があるというのも、英語のアクセントをさらに複雑なものにしている一因です。

たとえば、次の単語は、文字を見ただけでは意味を確実に理解することはできません。

 contract
 object
 minute
 refuse

なぜなら、この4つの単語は、アクセントの位置によって違う意味になるからです。

  CON-tract 「契約書」
  con-TRACT 「縮める」

  OB-ject 「物」
  ob-JECT 「反抗する」

  MI-nute 「分(時間の単位)」
  mi-NUTE 「微小な」(発音は「マイー**ヌ**ット」)

  RE-fuse 「廃物」
  re-FUSE 「断る」

これらの単語は、スペルを見て学ぶのではなくて、使われているときの「音」を聞くことでしか、判断したり学んだりすることができないのです。
　次に、文章に含まれている単語の強勢アクセントが、その文章の意味に重要な影響を与える例を見てみましょう。次の簡単な文章を見てください。

　　　Kate liked the blue dress.

　この文章は、どういう文脈で使われたか、または文中のアクセントがどこにあるかを「音」で判断しないと、正確な意味を理解することができません。つまり、この文章が話されているのを聞くことが、意味を理解するためのカギになります。
　この文章の場合、「Kate」「liked」「blue」「dress」の4つの単語のどれにでもアクセントを置くことができます。一つの単語を他の単語に比べてより強調して発音することで、その単語の意味を強調することになるのです(以下、大文字で書かれている単語が、文中のなかで最も強く発音されます)。

　　　Kate LIKED the blue dress.

　この場合、「青いドレスがとてもとても好きだった」という意味かもしれません。これは単純な強調です。
　しかしこの文章は、「好きだったけど、大好き(love)ではなかった」または、「好きだったけど、買わなかった」という意味にも成りえるのです。
　日本語の場合、便利な「〜だけど」とか「〜けれど」を最後につけることでこのニュアンスを表現することができます。または同じ語を繰り返して、「好きは好きだったけど…」と言うこともできますね。
　しかし英語ではそのようなことができないので、ある単語を強く発音することで、微妙なニュアンスや意味を変えるしかないことが

多いのです。たとえば、

  KATE liked the blue dress.

これは、「ケイト以外の誰かがその青いドレスを好きでなかった」ことを意味します。

  Kate LIKED the blue dress.

この場合は、先ほど説明したとおり「ケイトは青いドレスが好きだった、けれど買ったり、欲しがったりはしなかった」という意味になります。

  Kate liked the BLUE dress.

「ケイトは、青以外の色のドレスはあまり好きでなかった」という意味かもしれませんし、あるいは、「青いドレスが好きだったが、結局買ったのは、ピンク色のドレスだった」という意味かもしれません。

  Kate liked the blue DRESS.

これはたぶん「ケイトは青いドレスは好きだったけれど、青い靴は好きでなかった」という意味でしょう。

この「強勢アクセント」のことを、英語では「stress（ストレス）」と言いますが、これは、英語を学ぶ日本人にとってもすごく大きなストレスになっているに違いありません。
日本語にも強勢アクセントはありますが、英語ほど強くはありません。それは、日本語には単語の意味を変える他の方法があるからです。
たとえば強調のために「は」を使うことがありますね。
でもここでとても重要なのは、**英語は、日本語とはまったく違う方法で単語を強調しなければならない**ということ、そして、その方

法を学ぶことです。

日本語と同じような抑揚のないしゃべり方をすると、英語のネイティブにとっては、感情や「好き」「きらい」の好みなどを持たない人のような印象を与えてしまうからです。

これが日本人の言動が多くの外国で誤解される主な原因の一つです。

でも、それは「国民性」とは関係なく、「日本語の特徴」、あるいは日本語を母語として育った「日本人のマインドセット」によるものです。

単語や文章の強勢アクセントに関していうと、英語がとても難しい言語であることは疑う余地はありません。

ですので、文中でみなさんにとって大切な単語、強調したい単語（一つまたはそれ以上）にどのように強勢アクセントをつけるかを学び、「英語のマインドセット」を身につけることが非常に大切になってきます。

だからこそ、英語をマスターするには、その「話し言葉」の「音」や「トーン」を正しく理解する耳を育て、英語特有のマインドセットを理解することが不可欠なのです。

「書き言葉」の「意味」に頼るのは、重量オーバーのリュックサックを背負っているようなものです。当然、山登りの足取りも重くなってしまいます。

英語においては、「強勢や抑揚をつけたメリハリのある正しいしゃべり方」をするということは、「正しい言葉を使う」ことと同じくらい、またはそれ以上に、大切なことです。

日本人で英語を話す人の多くは、「正しい『意味』」にこだわり過ぎるために、間違いを恐れてしまうのです。でも、ほんとうはそれはたいした問題ではありません。

ほんとうに重要なのは、

　　　正しい「マインドセット」で英語を話す

STEP 4　英語の難所を乗り越える

ということです。

英語の難所④
──「慣用句(イディオム)」の代表例その1 put down

　ネイティブスピーカーでない日本人にとって最も克服するのが難しい英語の特徴は、「慣用句(idiom：㊟イディオム)」ではないかと思います。
　その理由は、本来はシンプルで短く、わかりやすい単語なのに、それらが組み合わされて慣用句になると、その構成単語の本来の意味とは違う意味を持つようになってしまうからです。2語以上の単語が結びついていて、まったく異なる意味を持つものを指すのです。
　当然、日本語にも慣用句があります。たとえば、

　　腹を割って話す。
　　足を洗う。
　　息を呑む。

　実際、腹を割ったり、足を洗ったり、息を呑んだりする人はいるでしょうが、上記の表現には別の意味も込められています。
　一方、句動詞というのは、慣用句である表現は多いのですが、厳密に言えば、句動詞は統語法の要素で、動詞＋副詞、あるいは動詞＋前置詞によって構成されるものです。
　実際、英語の句動詞は非ネイティブにとっては、特に理解や応用をするのに非常に難しいものです。

　でも、あきらめないでください！
　慣用句を理解するのにも「㊇方式」が使えます。
　しかし、そのためには、みなさんのイメージを「ビジュアル化」する能力が関わってきます。
　ビジュアル化とは、あるものをはっきりと見れる、つまり心に描

く能力のことです。
　一つ一つの単語の意味にとらわれすぎると、往々にして、慣用句としての意味を理解できないことがあります。言葉の「定義(意味)」を心配するよりも、その慣用句が使われている「状況」をよく想像してみてください。
　私は、この本のなかで**「相手が次に何を言おうとしているのかを当てる能力を養ってほしい」**と書きました。ここでもその方法を使って、「慣用句が使われているシーン」を、ぜひ頭のなかでビジュアル化してみてください。
　ここでは、putとdownという実にシンプルな二つの単語がくっついてできた、**put down**という慣用句を例として取り上げたいと思います。
　二つともシンプルな単語なので一見簡単そうに思えるかもしれませんが、実際には、このたった二つの単語で構成されている慣用句には、これからご紹介するように、なんと少なくとも11もの意味があります。
　でも、みなさんが「ビジュアル化」の能力を十分に使えば、すべての意味を理解することができるに違いありません。

　まず一つめは、とてもシンプルな意味です(構成されている単語の意味と同じなので、定義上は慣用句とは呼べないものですが)。

① **Put** your mobile phone **down** on the table during the exam.
　(試験の間は携帯電話を机の上に**置いてください**。)
　(注：put down という動詞が分割されています［→P176参照］が、意味を理解するうえでは問題ありません。)

② I **put down** a few words in my notebook while the teacher was speaking.
　(先生が話している間にメモを**取った**。)

②のput downは「write(書く)」という意味で、①の例文のように何かを「置く」というのとは意味が違いますね。②の例文では「紙に何かを書いた」という意味で使われています。この二つの意味はあまり違いがありません。

では、次はどうでしょう?

③　I didn't get the job as interpreter but I **put** it **down** to lack of experience.
　　（通訳の仕事はもらえなかったけれど、それは経験不足の**せいだと考えている**。）

ここでのput downは「to consider（〜と考える、〜とみなす)」、または「to attribute to（〜のせいにする)」という意味です。
でも、どうすればこの意味を推測できるでしょうか?
「その仕事は、なにか理由があって他の人のものになった。その理由は、私の経験不足だった」
つまり、ここでのput downは「私」が、「なにが理由だったと考えているか」ということです。

言語は「生きた会話」の実践から切り離しては絶対に覚えられない

そもそも人が話す内容には、必ずなんらかの「ロジック」があります。その「ロジック」に賛成できない場合もありますが、話している本人なりの「ロジック」があるわけです。

相手の立場になって考える。
相手が考えるように考える。
相手になったつもりで考える。

それがⓈ方式のキーポイントの一つです。
私はこの「キー(鍵)」で言語学習の扉を開きました。

自分の母語の表現方法が標準的で、それ以外の言語はどことなく変だと思っているとしたら、そのような人にはまず外国語などマスターできません。そうではなく、その違いに対して柔軟で寛容である必要があります。
　同時に、好奇心と熱意がなくてはなりません。相手を理解するために、相手になってみたいと思えるようでなくてはならないのです。
　私が、「**外国語の学習とは、単に言葉を学ぶ以上のものである**」という理由はこれです。
　外国語を学ぶということは、実は言葉以外に、「**その国の人々の考え方、歴史、宗教、文学、その他のさまざまな形の文化を学ぶ**」ということでもあるのです。
　なかには、「そんな『間接的な情報』などあまり重要な要素ではないのでは？」と考える人がいるかもしれません。
　でも、そうではありません。それこそが、言語学習の「コア」な部分なのです。

　日本の英語教育が機能していないのは、言葉を自然な生きた文脈から切り離して、その定義や意味を丸暗記させることに集中しすぎているからです。
　これでは、研究対象の動物を檻(おり)に入れたまま観察しているようなものです。自然な生息環境のなかで観察しなければ、その動物の本当の生態はわかりませんね。
　言語でも同じことです。
　その言語が使われるありのままの条件や基準のなかで学ばなくてはなりません。そしてそのためには、その言語を使っている人々について、できる限りのことを知っていなくてはならないのです。
　日本の教育者がこのことを認識すれば、日本人の生徒ならば、英語もその他の外国語ももっとうまく、速く学び始めることでしょう。
　それまでは、相変わらず、This is a pen.(これはペンです。)のレベルから抜け出せないでしょう。つまり、そびえたつペラペラ山の

登り口から数メートルのところをうろうろしている状態のままということです。

英語の難所④
──「慣用句」の代表例その2 put down

話を戻して、put downの4つ目の例と意味を見てみましょう。

④　One of the engines was on fire but the pilot **put** the plane **down** safely in a field.
（エンジンの一つが火災を起こしたが、パイロットは飛行機を無事に野原に着陸させることができた。）

このシーンをイメージして、put downが「land a plane（飛行機を着陸させる）」という意味だと理解するのはそう難しくはないと思います。

しかし次の例文のように、put downには、suppress（サプレス：鎮圧する、制圧する）、put an end to（～を終わらせる）という意味もあります。

⑤　The police **put down** the riot by shooting bullets into the air.
（警察官は空に向けて威嚇発砲し、暴動を鎮圧した。）

他の慣用句もそうですが、いちいち「putの意味は？」「downの意味は？」などと考えてはいけません。

ここでは、put downという二つの**単語が組み合わされてできている**「句」を「**一つの言葉**」「**新しい言葉**」として捉えることが必要です。

例文⑤の「鎮圧する」という意味のput downを、警察が空に向けて威嚇発砲し、暴動に関わっていた人々が走って逃げるというシーンを「ビジュアル化」して覚えてみてください。

⑥ I bought a very expensive bottle of red wine and am going to **put** it **down** for a few years before drinking it.
　（とても高価な赤ワインを一本買ったので、数年**寝かせて**から飲みます。）

　このput downは、次に「数年のあいだ(for a few years)」という言葉があるので、ワインボトルをテーブルに「置く」という意味ではないことは明らかですね。
　ここでのput downは「keep(保ち続ける)」という意味です。この意味で使われるのは主にワインに関する話をしているときです。
　もし、「寝かせることで味が良くなるワインがある」ということを知らなければ、この慣用句の意味を推測することは難しいかもしれません。
　文化面での知識が言語学習のカギになるといったのはそのためです。

⑦ I **put** $100,000 dollars **down** on an apartment and took out a loan for $300,000.
　（私は、マンションの頭金として10万ドルを**支払い**、30万ドルのローンを組んだ。）

　これも全体の文脈から考えれば、put downは、家や車など、高価な買い物をした場合に「頭金(手付金)を支払う」という意味として使われていることが推測できるのではないかと思います。
　さて、次の例文は悲しい話ですが、これもput downの意味の一つです。

⑧ We had to **put** our dog **down** when it got cancer.
　（ガンになった犬を**安楽死さ**せなくてはならなかった。）

　この場合のput downは「kill(殺す)」という意味で、相手(目的語)が動物の場合のみに使われます。

STEP 4 英語の難所を乗り越える

　ここでのput downの意味を推測するのはちょっと難しいと感じるかもしれませんが、言葉の意味を推測するためには、会話の相手の表情をよく見て(P180参照)、声のトーンもよく聞くことです。こんな場合、会話の相手はとても悲しそうにしているに違いありません。
　単なる言葉以外のビジュアル的な要素も、最初はよくわからないかもしれない単語の意味を推測するのにはとても役立つのです。

わからない単語を耳にしたときは、会話を中断させないで聞き返す

⑨　Bill is so gross.　He **put down** three hamburgers, four hot dogs and five tacos in just 20 minutes.
　（ビルの様子は本当に目に余るよ。たった20分でハンバーガー三つと、ホットドッグ4つと、タコスを5つも**食べたんだぜ**。）

　あなたが、このビルの様子を話している相手と会話をしていて、このput downの意味がわからなかったとしましょう。その場合、何度も言うように、「put downってどういう意味？」と聞いてはいけません。
　普通の会話のなかでいちいち相手の言葉の意味を聞き返していたら「ペラペラ山」の頂上には登れないという話をしましたね。
　ずっと頭に残るようにするには、少々大変ですが、自分の力で単語や慣用句の意味を推測しなくてはいけません。
　でも、その訓練を続けていけば、必ず単語や表現を推測する能力がアップして、言語を習得するスピードも上がります。
　この例文の場合、おそらく、grossの意味がわからないかもしれません。
　そのために、put downの意味が推測できないというようなケースですね。しかし、繰り返しますが、ここで、

What does gross mean？(grossって、どういう意味？)

と聞いてはいけません。こういうときは、

　　　　Gross？　What do you mean gross？(え？　あいつがgrossだって？)

と言い返すようにすることをおすすめします(日本語には「～って？」という便利な表現があるので、「grossって？」というだけでよいので簡単ですが、英語はそうはいきません)。

　このように、会話の流れを中断しないような聞き方をすることで、あなたは「相手の言っていることがわかっている」ふりができます(P215参照)。

　あなたの質問は、あくまでも、相手がその言葉をどんな意味合いで使っているのかを確認しているように聞こえるだけであって、決してその単語の意味を聞いているわけではない、ということです。

　この二つの質問の違いは微妙ですが、話している側はだれでも、自分の言ったことの意味をはっきりさせることはいやがりません。それは、自分を表現する機会だからです。

　しかし、相手に「単語の意味そのもの」を聞くことは、相手を「教師」のような立場にしてしまうことになります。すると相手は、「gross」と似たような意味の別の単語を考えて説明する手間がかかることになります。

　でも、相手がネイティブであろうが、いつもそう簡単に思いつくとは限りません。それに、そんなことをしているあいだに、会話の自然な流れが突然ぷっつりと途切れてしまうかもしれません。

　前述しましたが、みなさんが目指すべきことの一つは、まわりの人にあなたとの会話を面倒くさがらずにどんどん続けてもらうことです。そうなれば、あなたには英語の実地の練習量を増やすチャンスが生まれます。

ここで、もう一つ大切なのは、「Gross? What do you mean gross?」と聞いたあと、少し前に述べたように、**相手の顔の表情をしっかりと見る**ことです。ほとんどの人は語学の先生なんかではないのだから、相手はおそらく同じ言葉をもう一度繰り返すに違いありません。

　　　Gross? You know, gross!
　　　（どういう意味かって？　grossだよ、わかってるだろ？）

　これを文面で見ると、追加情報は何もないので、相変わらずあなたには「gross」の意味はわからないままですが、ほとんどの人が、この言葉を繰り返す際に、たぶん顔をしかめ、口を開けて、目を細めながら、その単語の語調を誇張するでしょう。

　もしあなたが相手の言語の「表現の文化」を知っていれば、相手のこの表情やジェスチャーから「gross」という言葉が全然いい意味ではないこと、さらには、ひどい、野蛮な、気味が悪い、目に余るという意味かもしれない、と推測できるかもしれません。そうやって、もしgrossの意味やニュアンスがなんとなくわかってくれば、put downが「ate（食べた）」という意味かも、と推測できるのではないかと思います。

英語の難所④
──「慣用句（イディオム）」の代表例その3 put down

　さて、いよいよ最後にput downの意味で最も難しくて、ロジカルに説明するのも困難なケースをあえて紹介します。

⑩　He was always **putting** his girlfriend **down**, so she left him.
　　（彼はいつもガールフレンドをけなしてばかりいたので、彼女にふられた。）

　ここでのput downは「criticize（クリティサイズ：⑩批判する、

悪口を言う、けなす)」という意味です。この意味を覚えるには、使われている文脈を「ビジュアル化」するしかありません。
　さらに、この意味のput downは「putdown(**プッダウン**：㊂こきおろすこと)」という名詞としても使われるようになりました(注：ハイフンは省いています)。
　ついでに、ちょっとその例を見てみましょう。

　　　He told his girlfriend that she had no fashion sense at all. What a **putdown**!   No wonder that she walked out on him.
　　　(あいつはガールフレンドに「ファッションセンスがまったくないな」って言ったんだぜ。なんて**見下した発言**だろうね！ 彼女があいつのもとを去ったのも当たり前だよな。)

　英語には、put downの他にも何千もの慣用句があります。
　ですから、「慣用句を学ぶのは難しくない」などと言ったら、もちろんウソになります。でも、「慣用句を学ぶ方法は暗記以外にない」と言うのもウソになります。
　慣用句を攻略する方法がちゃんとあります。
　それは、これまでの例文の説明で繰り返し述べたように、**使われている状況を「ビジュアル化」することと、会話の相手の文化を理解することです**。この二つこそが、㊂方式のとても重要な要素です。

「聞く、考える、分析する」を常に心がける

　一つの慣用句を構成している複数の単語が「分割」されることはよくあることです。つまりこれは、相手の話を、文章の最初から最後まで、集中して聞かないといけないということを意味しています。
　ここで㊂方式の、もう一つの重要なコツをお伝えしたいと思います。

それは「Total Concentration（完全集中）」です。

もちろん、あなたが相手の人物に興味を持っていて、相手が何を考えているのかにとても興味があるならば、相手が言っていることに集中するのは当然ですし、簡単です。なぜなら、相手の言っていることを理解する「必要性」を感じるからです。

しかし、会話の途中でときどき「心ここにあらず」や「気もそぞろ」の状態になってしまうのも、よくあることです。逆に相手のほうがそんな気分になっていることは、目がどんよりしてきたり、視線が落ちてきたりするのでわかりますね。

こうなってしまうのは仕方がないことかもしれませんが、はっきり言うと、相手が言っていることを最初から最後まで完全に集中して聞けないうちは、外国語をマスターするのは無理です。

外国語を学んでいる人の多くは、会話のなかに自分が知っている単語が出てきたのに気づくと、そのことばかりを考えるようになってしまいます。逆に、知らない単語に出くわすと、その単語が頭のなかをかすっていくようになってしまい、しっかりと「聞く」ことに集中できなくなる場合が多いのです。

でも、そういうときこそ、その正反対のことをするチャンスです。

知っている単語なら、もうそれに気など取られずに、さっと頭のなかに入れてしまいましょう。

逆に、知らない単語が出てきたら、それを頭のなかで復唱し、その続きの言葉に集中して、意味を推測するためのヒントを探すのです。

ぜひ、「アクティブ・リスニング」の練習をしてください。「アクティブ・リスニング」というのは、**「聞く、考える、分析する」**をすべて同時に行うことです。これは「ペラペラ山」登頂には絶対に必要な道具の一つです。

英語学習の過程というのはクリエイティブなものだと考えてください。

STEP 5

日本人のための、㋰式・実践的英語上達法

「恋をすると、ジェスチャーは、言葉とは
比べものにならないほど魅力的で、効果的で、貴重になる」
———————フランソワ・ラブレー

本当に英語がうまくなるための大前提①
——リラックス！

　英語圏の文化は、一言でいうと「tactile(**タクティル**：㊟触覚性の、触りたがりな)」な文化です(「tactile」という英単語は「touch(触る)」という意味のラテン語が語源です。このラテン語の語根は「contact[コンタクト：㊅接触]」や「intact[インタクト：㊟手つかずの、完全な]」という単語にも含まれています)。

　しかし、この英語圏の「触りたがり」な文化は、英語の「話し方」を学ぼうとする日本人には特にハードルが高いようです。

　それは、日本は世界でも最も触覚性の低い文化の国の一つだからです。日本文化は、温かくて、包括的で、愛情あふれる、優しくて、情熱的な文化ですが、ただtouchy-feely(**タッチー・フィーリー**：㊟身体にふれることで愛情を示すこと、べたべたすること)ではありません。それどころか、行動や表現の分野では、このうえなく非触覚性の強い文化です。

　このべたべたするのを好まない文化は、日本人でない人からは、よく「冷たい」とか「感情がない」と解釈されがちです。しかしこれはただ、日本人のフォーマルさや礼儀正しさ、すなわち日本社会の礼節や調和に最適な行動習慣にすぎません。

　最初に言っておきますが、このような文化には、「正しい」「間違っている」「よい」「悪い」などの基準はありません。あるのは、相対的な違いだけです。欧米の人々もよく挨拶代わりにキスをします。初対面の女性に対してでも「ほっぺにチュー」する習慣が根づいています。しかし、そんな行為は、日本ではありえませんね。

　伝統的にイギリス人も、ユダヤ人やアメリカ人に比べれば控えめで、非触覚性が比較的に強いのです。

　ところが最近は、英語のネイティブスピーカーのほとんどが、友人や知り合いに会うと、ハグとキス(もちろん頬にですけれど)をします。両親にもキスをします。

日本で50年近く暮らしてきた私の行動はかなり日本人っぽくなってきていますが、よく我を忘れて、日本人の友人にハグをしてしまいます。すると、ほとんどの場合、相手はデパートのマネキンみたいに「固まって」しまいます。
　そうなってしまうのは、ちっとも悪いことではありません。単に、非触覚性の文化で育ってきた結果です。身体でちゃんとした日本語を「話して」いないのは、私のほうであって、固まってしまう日本人の友人はただ自然体なだけです。
　でも、この本は、英語の話し方を学ぶための本であって、日本語を学ぶ本ではないので、英語の「非言語コミュニケーション表現」の、きわめて重要な約束事について説明したいと思います。
　これを理解することで、みなさんはもっと流暢な英語が話せるようになります。
　「日本人のための英語の非言語コミュニケーション」の第一のルールはこれです。

　　リラックス！
　　ガチガチにならないこと！

　21世紀になって英語に登場した新しい表現を使うならば、「Chill out！(**チーラウト**：🔊)」です。
　Chill outは「気楽にね！」「リラックス！」「ピリピリしないで！」という意味で使われます。
　さらに最近は、chill outとrelax（リラックス）が混ざった「chillax（**チラックス**：🔊静かに落ち着いてリラックスする）」という言葉まで登場しています。
　英語を話すときは、ヨガをやっているようなつもりになってください。
　ゆったり息をして、関節を緩めましょう。
　言葉に合わせてジェスチャーや表情を作れるように、手や顔を自由に動かせる状態にしておいてください。

本当に英語がうまくなるための大前提②
——「自分」に自信を持つ!

　英語圏の人々と、もう150年以上にわたって近い関係(一時的に敵対した時期がありましたが、それ以外はおおむね友好的な関係)を築いているにもかかわらず、なぜ日本人はもっとうまく英語を話せないのでしょうか?

　さらに言うと、日本では義務教育の一環として英語教育が行われているし、多くの日本人が世界中を旅行しています。そして日本人の英語を「読む」能力はかなりのものです。

　それなのに、なぜ日本人は英語がなかなか上達しないのでしょうか?

　英語習熟度に関する日本人と他国民との比較結果はよく知られています。

　ある調査では、英語を話す能力においては、北朝鮮が日本を上回っているという結果も出ています。ただし、この調査は、多くの一般日本人と少数のエリート北朝鮮人を比べたものであって、日本人の英語を話せるエリートのトップレベルの人たちをサンプルにすれば、日本の順位はかなり高くなるでしょう。少なくとも北朝鮮よりは上になります。

　前にも書きましたが、「日本人」であることが英語を流暢に話す妨げになる理由は何一つありません。

　はっきり言ってしまえば、その最大の理由の一つは、「これまでは、たいてい英語を話すことに堪能でない学校の先生たちの指導で、生徒たちに単語の意味を丸暗記させる」という日本の英語教育の制度が障壁になってきたためではないかと思います。

　また、もちろん、日本人をオランダ人やドイツ人と比較するのもフェアではありません。英語はもともと、オランダ語やドイツ語と同じ「ゲルマン語派」に属する言語なのですから。

　それに加えて、オランダ人やドイツ人は簡単に、安く、さっとイ

ギリスまで行って英語を練習することもできます。経済、社会問題、文学などそのほか多くの分野の議論などもすぐできると思います。なぜならそういった分野の英語、オランダ語、ドイツ語の語彙の多くは、元をたどると同じ「ラテン語」を起源としているからです。

しかし、英語との関連性がない言語を母語とする人々、たとえば、韓国人、中国人、タイ人、トルコ人、ハンガリー人、フィンランド人と比べて、日本人が系統的に不利だということはありえません。

それなのに、なぜ日本人は英語に堪能ではないのか？

その理由は、日本語とはまったく関係なく、**よく知らない人と話すときの、日本人の「言動」**と関係しているのではないかと思います。

最初に断言しておきますが、私は日本人の国民性を批判するつもりは一切ありません。

私は人生の半分以上を日本で暮らしてきて、日本語で言うところの「ここに骨をうずめたい」と思っている人間です。「そうだね」と言ってくれる人は少ないかもしれませんが、私は自分のことを日本人だと思っているほどです。

だから、私の言動の多くは、私本来のアメリカ系ユダヤ系オーストラリア人よりも、よっぽど日本人的です。しかし、

多くの日本人の性格上のある側面が、
日本人が外国語に堪能になることを邪魔している

といえます。

実は、この「ある側面」とは、英語のfaithという単語に関係しています。

faith（フェイス：㊃）という単語にはさまざまな意味があります。「信頼」「信仰」「信念」「誠意」などがその一部です。

でも私がここで言おうとしているfaithは「faith in *oneself*」、つまり「自信」という意味です。

このfaithという英単語は、fides（**フィデス**）というラテン語がフ

ランス語を経由して入ってきたものです。
　fidesという語は、今や多くの英単語の一部になっているので、本題からは少々外れますが、語彙量アップの「1-3-5システム」の復習をかねて、英語に姿を変えたこの「fides」というラテン語の言葉をちょっとだけ見てみましょう。
　1つの単語を学んだら、同時に3つの単語を身につける！
　3つの単語を学んだら、5つの単語を身につける！
　でしたね。
　ラテン語の「fides」が英語化して生まれた単語には、「faith」の他に次のようなものがあります。もうおわかりのように、どれもアングロ-サクソン語系の単語よりはるかに長く、意味も抽象的ですね。

　　　confidence（**コンフィデンス**：⑧自信）
　　　confidential（**コンフィデンシャル**：⑯秘密の、部外秘の）
　　　diffidence（**ディフィデンス**：⑧自信がないこと、気後れすること）
　　　diffident（**ディフィデント**：⑯自信がない）
　　　fiancée(fiancé)（**フィアンセイ[フィアンセイ**]：⑧婚約者[前者は婚約者が女性、後者は男性]）

　これらの言葉の意味はすべて(特にフィアンセはそうあってほしいですが)、「信頼」に関連しています。
　「自分に対して持っているfaith(信頼)」というのが、すなわちconfidence(自信)です。自分に対してdiffident(自信がない)状態ではいけません。
　ところが、この「**diffidence(自信のなさ)**」こそが、**日本人によく見られる資質**なのです。

本当に英語がうまくなるための大前提③
──「日本文化」に自信を持つ！

　恥ずかしがり屋、人見知りで自分のことを話したがらない傾向と

して現れたりするこの日本人の資質は、必ずしも悪いことではありません。それはそれでよい資質といえるかもしれません。
　でも同時に、この「**自信のなさ**」は、**外国語をうまく話せるようになりたいと思う人には「壊滅的な資質」**かもしれません。
　この性格上の側面こそが、日本人がなかなか英語に堪能になれない主な理由である、と私は確信しています。
　外国語を話すためには「自分を表現したい」という情熱が必要です。
　「自分の感じていることを説明したい」という気持ちと同時に、「他の国の人々がどのように感じたり考えたりするのかを知りたい」という好奇心を持っていなくてはなりません。
　これだけは、残念ながら、だれかから教わって身につけられるものではないのです。あくまでも個人の性格の問題です。

**本当に英語がうまくなりたいと思うのであれば、
日本人が自分自身や日本文化に対して「自信」を取り戻す必要がある**

　と思います。
　あたかも日本が不可解で、奇妙で、世界のだれも理解できない文化を持っているかのように、にせもののミステリーの陰に隠れる手はもう使えません。日本の文化は豊かで普遍的な価値を持っているのです。
　ただ一つ足りないのは、今の日本の人々がその価値を世界へ発信する能力です。
　日本は、これまでどの国よりも得意としてきた「品質や創意工夫」などに頼ることはもうできません。それらはすでにアジア最大のライバル国である韓国や中国によって取って奪われてしまったのですから。
　これから先、日本人は、もっともっとストーリーテラーにならなくてはなりません。日本人そして日本文化についてのストーリーを

世界へ発信しなければなりません。

そして、このストーリーテラーとしての能力は、「英語をうまく話せるかどうか」という能力といやおうなしに関係してくるのです。

私がこの本に書こうとしたことは、「英語の上達法」についてだけではありません。

この本でお伝えしたいのは、「**日本がさらに次の20年間、またはそれ以上の期間にわたってスランプに喘（あえ）ぎ続けなくてすむように、『語学力』というものがどう日本を救えるのか**」ということなのです。

私が昔から敬愛している日本の文化人について考えを巡らせていると、一つ共通した点があることに気づきます。

彼らはみな、「長い竹のなかから日本文化を取り出して自由にしてやることで、世界中の人々にそれを見てもらいたい」という情熱を持っていたのです。「竹のなかに閉じ込められていた美しい小鳥を、世界の人々の目の前を自由に飛べるように、放ってやる」という感じでしょうか。

さまざまな分野でこれを実際にやったと私が考える８人の日本人の名前を挙げたいと思います。このうえなく美しい日本の小鳥を自由に羽ばたかせ、人々が称賛するものに高めた人たちです。そして、自分たちに、日本の文化に自信を持っていた人たちです。

「こんな話、英語を学ぶこととどんな関係があるの？」と思っているかたもいらっしゃるかもしれません。でも、それは違います。

今の日本人に足りないものは、英語を正しく発音する能力でも、言語分野での才能でもなく、

日本人自身の、日本の文化に対する自信

が根本的な問題だと真剣に思っています。

私は、「日本人が、日本の文化に誇りを持つことが、英語を話せるようになりたいという強い動機になる」と確信しています。

では、ここで私が最も尊敬する８人の日本人とその理由を簡単に

ご紹介しましょう。
- 岡倉天心（おかくらてんしん）　日本の「優雅」を世界に教えた。
- 高峰譲吉（たかみねじょうきち）　アメリカで偏見と闘いながら科学的才能を示した（東京市からワシントンDCへの数千本の桜の木の寄贈の実現に大きな役割を果たした）。
- 早川雪洲（はやかわせっしゅう）　日本人の演技力の深さを世界に示した。
- 与謝野晶子（よさのあきこ）　現代的なフェミニズムを、女性として初めて詩で表現した。
- 北大路魯山人（きたおおじろさんじん）　日本料理の美学、その美しさと上品さを世界に向けて実演した。
- 白洲正子（しらすまさこ）　古代・現代日本文化の至宝を戦後世代に向けて解き明かした。
- 大島渚（おおしまなぎさ）　「映画共和国」のリーダーとして、世界中の人々に向けて、日本の現実をありのままに表現した。
- 井上ひさし（いのうえ）　日本人のヒューマニズムを、世界を照らす輝く光として表現した。

　もちろん他にも大勢いますが、日本の文化に誇りを持ち、その誇りを外の世界に理解される方法で表現することができた人々の例として、私はこの8人を挙げたいと思います。

　このうち、英語に堪能だったといえるのは岡倉天心と、高峰譲吉と、白洲正子の3人だけですが、他の5人もかなり英語が達者でした。

　私の親しい友人であった井上ひさしですらも、まずまずの英語を話しました。1976年、アデレードで、私が彼を南オーストラリア州のドン・ドンスタン知事に紹介したとき、ひさしは知事と握手を交わしながら、とてもきれいな発音で、「My English is very pure.（私の英語は非常にピュアです）」と言いました。本当は、謙遜（けんそん）して「poor（下手）」と言おうとしたのですが……。

　この類まれなる才能を発揮した8人と同じことを成し遂げられる

人は、そう多くないかもしれません。でも、同じように情熱を注いで、自分のこと、そして日本文化の素晴らしさを外国人に伝える方法を学ぶことは、みなさんにもできるはずです。

これこそが、21世紀のすでに最初の10年が終わり、次の10年の半ばに差しかかろうとする今、日本が直面している一番大きな挑戦なのです。

もちろん、「ロマンス諸語」に属する言語を話す人々にとっては、文化に関する難しいトピックを英語で議論することは比較的やさしく自然なことかもしれませんが、日本人にとってはまったくやさしくも自然でもありません。

何度も繰り返しますが、そのためには十分な語彙量が必要です。

これだけは、絶対に避けて通れません。

でも、ペラペラ山に登り始めるにあたって、まず「英語の『音』のマインドセット」を身につけ、次に、この語彙量を飛躍的に増やす方法をお教えしました。

これでまた、みなさんにさらに高い所まで登ることができる準備と新しい装備が整ったと思います。

その次の高原を目指すステップ(「大ジャンプ」かもしれません)は、

自分に自信を持つ

ことです。

私はなにも、「みなさんの性格を変えたい」などと思っているわけではありません。でも、私はみなさんに、**「英語(あるいは外国語)を話す」ことへの正しい対処の方法や心構えについては、何としてでも変えてほしいと思っています。**

本当に英語がうまくなるための大前提④
──常に英語を話さなくてはならない状況に自分を置く

以下も、英語の学習法に関して、私が学生たちに教えてきたコツです。
　それは、「韓国語か中国語の言葉をいくつか学んでおく」というものです。
「そんなことと、英語がペラペラになることに何の関係があるの？」と思うかもしれません。
　これは、「もし、あなたが英語の勉強のために海外にいるとしたら、そのあいだは、できるだけ他の日本人と群れてはいけない」という、私の個人的な経験による外国語速習のためのアドバイスです。

「常に英語を話さなくてはならない状況」に自分を置く

　ということが、できるだけ速く、効率よく英語を学ぶベストな方法なのです。
　参考になるかどうかわかりませんが、私の個人的な外国語習得の経験談をちょっとお話ししましょう。
　私はロサンゼルスの大学で２年間ロシア語を勉強し（日本の大学で英語を勉強している日本人学生と同じように）、「読む」力はかなりついていたのですが、「話す」ことはほとんどできませんでした。
　そんな状態で、1964年の６月に、インディアナ大学で、全米から集まった20人余りのロシア語専攻のアメリカ人学生と一緒に、４週間のロシア語集中講義を受けました。
　この４週間、英語を話すのは一切禁止。アメリカ人学生同士でも英語は使ってはいけないといわれたのです。
　さらに私たちは毎日、ロシア語で行われる授業を受けてました。
　最初の数日は本当に大変でした！　繊細な表現をできる学生はほとんどいませんでしたから。
　そんなロシア語漬けの４週間を過ごしたあと、私は、まだ「流暢」とまではいえなかったけれど、なんとか日常会話をロシア語でできるようになっていました。
　そして、翌７月、私はこの仲間たちと一緒に、ソビエト連邦へ行

ったのです。

　これはもう50年以上前の、今となってはもうその当時の形では存在しない「ソ連」という国でのことです。

　私たちはモスクワから、当時まだ「ソ連国内」の都市だったキエフやドネックなどを経由して、クリミア半島まで行きました。まさに今(2014年現在)、ロシアとウクライナという二つの国のあいだの深刻な対立が起こっている地域です。1964年当時は、こんなことが起ころうなどとは想像もしませんでした。まさに時代とともに世界が変わっていく様子を実感するいい例となりました。

　私たちはさらに、リガやノブゴロドやレニングラード(現在のサンクトペテルブルグ)も訪れました。そして8月にソ連を離れるときまでには、私は流暢なロシア語を話せるようになっていました。学校の授業で言われるがままに覚えていたたくさんの単語が、私の「active vocabulary(自分から表現できる語彙)」にどんどん加わったのです。

　ソ連の人々は、当然ながら、アメリカやアメリカ人に大変興味を持っていましたし、私もソ連という国やそこに暮らす人々に興味津々でした。当時20歳で初めて自国を出た私にとって、このロシアの旅はとてもエキサイティングで、その後の私の人生を形作るものとなりました。

本当に英語がうまくなるための大前提⑤
——自然に口をついて出てくる「表現語彙」を増やす

　この経験は、みなさんにも起こりうることです。

　みなさんが受動的に身につけた知識、すなわち、みなさんの頭のなかに入っている数多くの英単語やフレーズが、まるで生まれつき英語を話していたかのようにすらすらと口をついて出てくるという経験です。

　ペラペラ山の頂上に押し上げる好奇心と熱意と情熱がみなさんに

もあれば、ごく自然に英語が話せる人間になることだってできるのです。

前に、ネイティブスピーカーが言ったことを繰り返すことで、それを自分の表現語彙に取り込むことができるというアドバイスをしました。

「表現語彙(active vocabulary)」というのは、「使おうと思えば使うことのできる単語」のことです。

一方、「理解語彙(passive vocabulary)」という言葉があります。

これは、「聞いたり見たりすると意味はわかるけれど、自分で使おうと思っても思い出せない単語」のことです。

知っているけれど使えない、自然に口に出てこない単語は、ほんとうにたくさんありますね。だから、私たちはできるだけそれを「表現語彙」に変えて、その量を増やさなければなりません。

そのためにできる、とてもいいコツをお教えしましょう。

それは、「**もしあなたが英語圏の国にいて、電車やバスで移動しているときに、目に入る看板やポスターを読む**」ことです。

その文章を読んで、自分のなかでそれを繰り返してください。

看板やポスターにはたいがい写真や絵がついているので、意味を推測するのはそれほど難しくないはずです。最近の電車にはよく、広告やニュースが流れる小さなスクリーンがあります。

電車に乗っているあいだも、座っているだけでは時間の無駄です。「読んで、繰り返して、学ぶ」のです。

もしほんとうに外国語をマスターしたいのなら、一分一秒も無駄にしてはいけません。

英語には、重要な独自の非言語的表現、「身振り言語(ボディ・ランゲージ)」がある

フランス・ルネサンス期の偉人のひとりで、作家、医者、学者であったフランソワ・ラブレーは1553年に70歳の生涯を閉じました。

ラブレーは、言語の起源と、人がどのように言語を覚えるのかに関することを語った、初めてのヨーロッパの著名な作家でした。その彼ですら、この章の冒頭に引用した一節にあるように、少なくとも愛情を表現したり、それに応えたりするには、ジェスチャーのほうが言葉よりも、魅力的で、効果的で、貴重だと言っているのです。
　この本もそうですが、外国語についての知識や外国語をマスターする方法について書かれた本は、本来ならば、言葉と音についての内容に特化すべきなのでしょう。
　実際、三つ前のチャプターでは、「言葉。言葉。言葉！」と繰り返しながら、まさに言葉と音に焦点を当てた話をしました。
　しかし、言語のもう一つの側面についてお話ししたいと思います。「言葉」と「音」から少し離れて、言葉を用いない、いうなれば、言語の「顔」について考えてみましょう。

　英語のlanguage(ラングウィッジ：㊦言語)という単語は、ラテン語でtongue(タング：㊦舌)を意味する言葉と語源が同じです。しかし、私たち人間は、舌だけでなく、身体のほとんどすべての部分を使ってコミュニケーションを図ります。
　実際、一部の学者の研究では、私たちが「言う」ことの半分ほどは、非言語的に伝えられているといわれています。
　それぞれの文化にはそれぞれ独自のジェスチャーやその他の身体表現など、言葉を用いない「言語」があります。したがって、実は**外国語を学ぶにあたっては、どのように「動く」べきかを学ぶことも、どのように「話す」べきなのかを学ぶのと同じくらい重要なこと**です。つまり、

　　「英語のマインドセット」には、
　　　独自のボディー・ランゲージ(身振り言語)がある

のです。
　前にも書いたとおり、英語には「標準語」というものがありませ

ん。ネイティブスピーカーも含めて、英語を話す人すべてに訛りがあるのです。

　英語圏の国のなかにもたくさんの方言がありますが(特にイギリスは、英語圏のどこよりも方言の数が多い国です)、国によって訛りを大きく分類することができます。

　当然ながら、英語圏の国には、それぞれ独自のジェスチャーや身体表現があります。

　20世紀半ば、私がまだ学生だったころは、アメリカ人とイギリス人の非言語表現にはかなり違いがありました。

　一般的にアメリカ人は、イギリス人に比べてかなり外向きで、社交的で、ともすればちょっと出しゃばりな感じでした。

　このアメリカ人の社交的な面は、さまざまな身体表現に表れていました。

　たとえば、背中をポンポンと叩いたり、ときに牛の乳しぼりでもしているかのように激しく握手をしたり、肩や腰に腕を回したりなどがそうです。このような身体の接触は、前述のように、「touchy-feely(タッチー・フィーリー：圏べたべたする)」というおもしろい言葉で呼ばれます。

　一方、イギリス人は、全体的にもっと控えめで、日本人のような感じです。

　このような身体表現の文化の違いは、カナダ人、アイルランド人、オーストラリア人、ニュージーランド人や他の国の人々にもあり、1950年代には、英語を話す人々の非言語文化について一般論を導き出すのは困難でした。

　しかし、これらの国々の文化では、徐々にかけ離れていくであろうという一部の予想とは正反対のことが起こりました。

　テレビやその後に普及したインターネット(特にYouTube)の強烈な影響、海外旅行者の拡大、サッカーなどの国際的なスポーツの人気、アメリカン・カルチャーの「ソフト・パワー」などにより、英語圏内での言語および非言語文化の合流が起こっているからです。

イギリス人、アメリカ人、カナダ人、オーストラリア人、そしてその他の英語のネイティブスピーカーが、今ほどおたがいに似た英語を話したり、似た身振りをしたりしたことは、過去にはありませんでした。
　high five(ハイ・ファイヴ：手を広げてハイ・タッチすること)や、fist bump(フィスト・バンプ：握りこぶしでタッチしあうこと)や、「いいね！」を表すthumbs up(サムズ・アップ：親指を立てること)や、歓喜を表すために、ゴールを決めたアスリートがするような身体全体をゆらしぐさや、あいさつのハグや頬へのキスなどは、現在、英語圏の国々では誰もが当たり前のように使っています。
　英語の身体表現の文化は、21世紀に入って、これまでにないほどに統一されてきているのです。

英語では、「身振り言語(ボディーランゲージ)」は「言葉」と同じくらい重要である

　何が言いたいかというと、こういった英語圏の人々と英語でコミュニケーションを取る場合は、日本語のフォーマルな表現はこの際脇に置いておいて、前述のようなインフォーマルな英語の表現を身につけることが非常に大切だということです。
　でも、心配しないでください。
　それは、「あなたがあなたらしくいられなくなる」ということではありません。もちろん、「あなたはあなたのままでいい」のです。
　私が外国語を話すとき、別の人格になっているわけではありません。いつもの私を違う方法で表現しているだけです。その言語を話す人に通じるように、さまざまな方法で表現しているだけのことです。
　それによって、相手が私の言っていることを、明確に、完全に理解してくれるからです。
　もし日本人が、日本語のジェスチャーや行動の表現方法の殻に閉

じこもっていたら、外国人には「堅苦しく感情のない」人のように見えてしまうかもしれません（まあ、その人が本当に堅苦しくて感情のない人物なら、それでもいいのかもしれませんが……）。
　もし英語を話す相手と、自然で親密な関係を築きたいと思うのであれば、

　　　　「英語の非言語マインドセット」を身につけて自分を表現する

ことが必須条件です。それができるようになれば、あらゆる面においてうまくいきます。そして自信も生まれ、英語をさらに流暢に話すことができるようにもなるでしょう。
　私は、ここまで、英語とは、「音。音。音！」「言葉。言葉。言葉！」だと言ってきました。しかし、英語とは、

　　　　ジェスチャー。ジェスチャー。ジェスチャー！

でもあります。

　英語における「非言語表現」は、日本人の想像以上に、言葉を使う表現と同じくらい重要なのです。言い換えると、

　　　　「話し言葉」としての英語と日本語の最大の違いは、
　　　　「アクセント」や「発音」ではなく、
　　　　むしろ、「言語的・非言語的な『強調』の表現方法」である

のです。
　私の別の著書『驚くべき日本語』にも書きましたが、日本語の場合、文章の最後に「だ」「よ」「ぞ」などの終助詞をつけることで「強調」が表現されます。これらの終助詞があることで、日本語では文中で特定の単語を強調する必要性が下がったのです。また、「は」を使ってその前にある言葉を強調するという方法もあります。
　しかし、残念ながら英語にはそのような方法がありません。
　だから、あるフレーズのなかの、ある単語のところで、声のトー

ンや音量を上げて、相手に文章の意味を伝えなくてはならないのです。
　この強調のトーンは普通、手のジェスチャーや顔の表情の変化を伴います。ですから、「英語のマインドセット」を身につけるためには、「**英語のネイティブスピーカーのしぐさをよく見る**」ことが大切になってきます。
　では実践的に説明してみましょう。
　次の文章を、声を出して言ってみてください。

　　　　I don't want to go.(行きたくない。)

　では次に、こぶしでテーブルを軽く叩きながら、もう一度この文章を言ってみてください。
　次は、こぶしでテーブルを叩きながら、さっきよりもちょっと大きな声で言ってみてください。
　最後にもう一度、こぶしでテーブルをもっと強くがんがん叩きながら、大声で怒鳴るように叫んでみてください。
　声のボリュームが上がるにつれて、テーブルを叩く力も強くなったのではありませんか？
　それは、私たちが自分を表現するときは、自然に、そして本能的に、声と身体で同時に表現しようとするからです。

> **ジェスチャーとは、「音」を使わないだけで、**
> **相手に自分の意思を伝えるための、**
> **もう一つの非常に重要な「言葉」である**

　ことに変わりはないのです。

英語の派手な「身振り言語(ボディー・ランゲージ)」は、教会での牧師の説教から始まった

　実は、現在のネイティブスピーカーの英語の話し方というのは、「教

会で行われる牧師の説教」から大きな影響を受けてきました。
　西洋の一般的な人々はほとんどがキリスト教徒で、その多くが毎週日曜日に教会へ行くことはごく日常的な習慣でした。彼らは、教会での牧師の説教に、自然に慣れ親しんできたのです。
　牧師や神父が、聖書の内容を腕を振りまわしながら、まるで役者のようにドラマチックに説明するしぐさやジェスチャーは、一般の人々にとっても、人前で話す効果的な方法を学ぶうえでとても重要な手本となりました。
　そして、彼らのような強いアクセントを駆使した言葉遣いや、ジェスチャーを使うドラマチックな話法は、特にアメリカでは、政治家の演説のスタイルの手本にもなったのです。
　おもしろいことに、スピーチの内容は無視して、目をつぶったまま言葉のリズムやトーンだけを聞いていると、話しているのが聖職者なのか政治家なのかを見分けるのは困難なほどです。
　この一番わかりやすく代表的な例が、アメリカの偉大な黒人リーダー、マーチン・ルーサー・キングの演説です。
　ご存知のとおり、彼は牧師でもありました。キング牧師のドラマチックな演説スタイルは、当時のアメリカ人にとって実に衝撃的でした。彼のスピーチのスタイルは、黒人のみならず、白人層にも数多くの支持者を得ることにつながったのです。
　みなさんもぜひそれにならって、自分を、英語でドラマを演じる俳優のように想像してみてください。
　この本の読者のなかには、「外国語を話すだけでも難しいのに、自分とは違うだれかを外国語を使って『演じる』のはもっと難しい」と考えるかたが大半でしょう。
　私には、その気持ちが実によくわかります。
　人間は、一度身につけた癖や、自分にとって心地いい状況をなかなか変えられない生き物です。でも、そのことは世界中のだれもがそうであって、日本人だけがそうなのではありません。多くの人が、自分とは違うだれかを演じることなどできないし、もしできたとし

ても、そんなことはしたくないと考えます。

でも、外国語を話すということは、舞台の上で演じることに少し似ているとぜひ考えてみてください。

俳優であっても、あなたはあなたのままです。あなたの内側が相手に見えるように、いつもとはちょっと違う側面を見せているようなものです。

外国語でコミュニケーションをとるというのはそういうことなのです。

日本流の「エイカイワ」を勉強しても、英語は絶対にしゃべれない

また、「外国語を話す」ということは、単に「こう言われたら、こう言う」という決まりきったフレーズの一覧表を丸暗記することではありません。

しかし、日本では相変わらず、「この新しい画期的方法を習得すれば、だれでも１カ月で英語がスラスラしゃべれるようになる！」などと謳った本が、毎年何百冊と売られています。

また日本には、「英会話（エイカイワ）」という、不思議な英語の「ジャンル」があります。

この言葉を耳にするたびに、私は「『エイカイワ』とは、いったい何のことだろう？」と途方に暮れてしまいます。そして、「この『エイカイワ』とかいうものを少しかじれば、英語が話せるようになると思う人がいるならば、そんな考えは捨てちまえ！」と思っています。

日本流の「エイカイワ」が教えてくれるのは、ほんの少しの簡単な単語と非常に限られた状況設定だけです。

たとえるならば、シュノーケルと泳ぎ方のマニュアルだけを渡して、嵐吹き荒れる、高波だらけの、危険な魚がうようよいる海のまっただなか（これが「英語」というものです）に放り投げられてしまうようなものです。

「エイカイワ」などを習わなくても、もし心と身体を自由にして、「英語の言語的・非言語的マインドセット」を身につければ、想像以上にうまく英語を話せるようになるでしょう。頭のなかで出番を待っている言葉たちが口からどんどん流れ出てくるでしょう。そして、あなたの顔や手や身体は、相手に理解されるような表現ができるようになるでしょう。

そのことを、私は100％保証します。

㋱式・実践的英語上達法①
──相手とは必ず「視線を合わせる」

さて、いよいよこれから「英語のマインドセット」を基本に、「言葉」だけにとらわれず、「身体的(身振り)表現」を身につけるための実践的な方法をより具体的にご紹介していきたいと思います。まず最初は、私自身が「目玉方式」と名づけた㋱式コミュニケーション法です。

英語を話すときは、相手と「engage(エンゲイジ：㋬関与する、連動する)」することが何よりも重要です。そのことを相手に伝え、表現するために、何よりもまず最も大切なことは、

会話中の相手とは、必ず「視線を合わせる」

ことです。
「視線を合わせない」のは、日本では、内気さや、礼儀正しさや、はにかみを示すのかもしれません(実際、欧米の文化のなかでも、同じ意味を持つことがあります)が、英語でのコミュニケーションの会話のなかでは、相手に「自分を避けようとしている」としか受け取られません(もちろん、これは日本でも同じ可能性がありますね)。

そこで繰り返します。当たり前のことと思うかもしれませんが、日本人は外国人と会話をするときに、自然に目線をそらしているこ

とが多いと思います。

　ですから、まずはシンプルに、**必ず、相手のネイティブスピーカーの「目」を見る**ことを、ぜひ心がけてください。

　それによって、「私は今、目の前のあなたとのコミュニケーションに心から、そして積極的に参加している」という印象を与えるからです。

　この「相手の目を見る」というジェスチャーを、とにかく「意識的」にやってみてください。相手にしっかりと視線を合わせれば、こちらの感情や意欲が、相手に自然に伝わるのが必ず感じられると思います。

　まずは、シンプルに「ジェスチャー」だけでいいのです。

　そうすれば、中身のある確かなコミュニケーションは、必ず後からついてきます。

パ式・実践的英語上達法②
── 身振り言語から「言葉以外のもの」を読み取る

「相手の目を見ることは、その人が何を言っているのかを理解するために不可欠」であるもう一つの重要な理由があります。

　英語のネイティブスピーカーは、思っていることとは実は正反対のことを頻繁に言葉にするからです。それは、特に「皮肉」を言う場合です。

　そして、多くの場合、声のトーンと顔の表情の組み合わせを使うことで、会話の相手に「自分は、言葉の意味と反対のことを考えているんだよ」と伝えようとします。

　たとえば、とても厳しい高校の野球チームのコーチがいて、容赦なく威張り散らしているような人物だとしましょう。選手たちにはいつも怒鳴ってばかりいて、ときには殴ったりもします。そこで、このひどいコーチの話を聞いて、私は次のように言ったとします。

Well, that's a nice fellow, isn't it. Maybe he should use a baseball bat when he hits the young people.
　　（ほぉ、それはいい人だね。若者を殴る野球のバットを使ったほうがいいんじゃないの。）

　これを文字どおりに解釈され、マジに受け取られたりしたら、私はこのコーチよりさらに残酷な人間だと思われてしまうでしょう。
　しかし、英語のネイティブスピーカーや、ネイティブスピーカーでなくても英語を流暢に話せる人にとっては、私が逆にこのコーチを強く非難していることは明白です。つまり、上の「文字」だけからの翻訳は、私の感じていることとは明らかに違っていることになります。
　本当の意味は「まったくひどい野郎だ。若者をバットで殴ったりするのと同じじゃないの。許せない！」ですね。
　上のような英語を言ったときの私の顔を見ていれば、表情が変わったことはどんな相手にでも一目瞭然でしょう。日本人より日本人的だと信じている私なので、最近はめったにしなくなりましたが、そうでなかったら、眉毛を持ち上げて、目をいつもより大きく見開いて、頭をブルブルと振っていたことでしょう。
　ネイティブスピーカーがよくやる、この身体表現（ジェスチャー）をしっかり見ていれば、だれの目にも明らかに、皮肉を言っているのがわかるのです。
　もちろん、無表情なポーカーフェイスで同じことを言うかもしれませんが、それでも、みなさんに顔の表情を読み取る能力があれば、皮肉を言っていることはすぐに理解できるでしょう。
　つまり、特に英語では、「言葉だけでは本当の意味は伝わらない」ということです。相手の顔を見て、その表情を読み取る習慣をつけないかぎり、相手が感じている正しい意味を理解する能力が育たないのです。

㊙式・実践的英語上達法③
——自分が話しているときも、必ず「相手の目を見る」

　これまでは、「相手が話すのをあなたが聴いている立場」という場合でしたが、今度は逆に、「**自分が話をしながら、相手の目を見る**」ことの重要さについて、例を挙げて考えてみましょう。

　空港のターンテーブルで荷物を受け取ったあとに、あなたが税関検査を受けているシーンを考えてください。

　税関職員にパスポートを手渡すと、相手はこう聞いてくるでしょう。

　　　Are those your bags？
　　　（これはあなたの荷物ですか？）
　　　Yes.
　　　（はい、そうです。）

　次に、これはどの国でも同じですが、そして、海外旅行によく行かれる日本人のかたはよくご存知のことだと思いますが、税関職員は必ずあなたの「目」をまっすぐに見て、こう聞くでしょう。

　　　Do you have anything to declare？
　　　（税関申告するものはありますか？）

　こんなとき、典型的な日本人の多くは、「目」をそらし、首をかいてみたりしながら、息と唾をのみこんでこう言うかもしれません。

　　　Uh, well, I, actually, you know, I don't but ....
　　　（えっと、その、実際は、まあ、ないんですけど……）
　　　Open your bags please.
　　　（荷物を開けてください。）

　このように、典型的な日本人の言語的、非言語的表現を使ってし

まうと、どの国の税関職員からも、必ずバッグの中身をチェックされることになるでしょう。
　英語のネイティブと話をするときには、たとえば相手が税関職員のつもりでやってみるのがいい方法かもしれません。
　相手の目をまっすぐ見て、リラックスして、軽くスマイルして、普通の声で話してください。そうすることで、自分の伝えたいことが相手にはっきりと伝わります。税関職員なら、すぐにパスポートを返して、ときには軽く微笑みながら、「ようこそ。いいご旅行をね！」と言ってくれるでしょう。
　「目玉方式」の実践は、日本人にとっては慣れない振る舞いかもしれません。でも、ペラペラ山のさらに上の高原にたどり着くという目標を達成するためには、絶対に避けては通れないジェスチャーなのです。

英語の映画を観るときは、登場人物のジェスチャーをよく観察する

　ちなみに、英語のネイティブスピーカーのジェスチャーや顔の表情を研究するいい方法は、映画を観ることだとよくいわれます。
　しかし私は、一般的な日本人にとって、映画のなかの会話についていくのはとても難しいと思っています。それは登場人物が、くだけた話し言葉で、しかも早口で話していることが多いからです。時代劇の映画だと、言葉が古めかしくて聞き慣れない単語も多いと思います。
　映画のなかの英語が理解しにくい最大の理由は、そこでは、話しているのは登場人物同士であって、あなたとではないからです。そのような会話は理解するのがなかなか難しいのです。
　そこで、映画を観る際に私がアドバイスしたいのは、たとえ会話の内容がよく理解できなくても、**登場人物の顔の表情やジェスチャーをよく観察してみる**ということです。

そうするうちに、皮肉を言っているとき、怒っているとき、挑発的になっているとき、特別な感情を抱いている相手と話をしているとき、おたがいがどのような反応をしているのか、つまり、「**英語の『非言語』的なマインドセット**」が、次第にわかってくるでしょう。
　繰り返しますが、これらの表現は、口から出てくる言葉と同じくらい、流暢に英語が話せるようになるために不可欠な方法なのです。

　さあ、みなさんは、もうペラペラ山の頂上までの登り方のコツやツボがだいぶわかってきたのではないかと思います。
　この高原に立って、大きく息をして、「ここまで来たら、もうこれより下へ転がり落ちることはないぞ」という自信と満足感を味わってください。
　英語を学ぶ過程でみなさんが求めているのは、英語のスキルを向上させるということはもちろんでしょうが、一度身につけたスキルを忘れたり失くしたりしないように、しっかりと強固なものにしたいということだと思います。
　そのために、「ペラペラ山」にはところどころに高原があるのです。
　そしてそれは、「次の目標達成への踏み台」になるものなのです。
　私自身が実践してきた言語学習における原則はこれです。

　Never look down, only up.
　下は見るな！　上だけを見よ！

文法や発音が正しいかは、英語を話せるようになるのとは関係ない

　ここでまたちょっと、私の個人的な経験をお話ししたいと思います。
　前のほうで、四国を旅行したこと、そのときに、「ベンキョウ」

の別の意味がわからなかったことなどの話をしました。
　だれにとっても「ペラペラ山」に登る過程は、つまずいてばかりなのです。
　こんな調子だったので、当時は、まだよく英語を話さなくてはなりませんでした。
　特に、日本人の英語の先生たちとはよく英語で話していました。お茶を飲みながら英語で会話をしていると、年配の日本人の英語の先生の手がかなり震えていて、ティーカップと受け皿がぶつかってカチカチと音をたてているのに気づきました。
　私にとっては、このカチカチと音をたてるティーカップが、英語をしゃべっているときに、英語に関してはプロフェッショナルであるはずの先生たちでさえおそらく感じていた、「自信のなさ」や「緊張感」を象徴するものだったのです。
　そして気づいたのは、先生たちの手の震えが止まって、私の目を見ながら思ったままを英語でいえるようにならないかぎり、英語の先生とはいえ、いつまでもうまく英語を話すことができないだろうということでした。
　つまり、

**　　英語を話せるようになることと、
　　文法や発音が正しいかどうかとはほとんど関係ない**

ということを、みなさんにぜひ知ってもらいたいのです。
　ありがたいことに、もう何年も、カチカチ音をたてるティーカップにはお目にかかっていません。というのは、アメリカン・カルチャーの急速な浸透からか、最近私が出会う若い人たちは、変に照れたり臆せずに英語を使いこなすからです。どうやら彼らは昔の世代とは違って、外国人と一緒でもそれほど気後れすることはないようです。これは素晴らしいことです。
　とはいっても、「そうではないかもしれない」みなさんが自信のなさを克服して、自分の思ったことを英語で話せるようにするには

どうしたらいいのでしょうか？

まずは、「**あなた自身が、外国人と一緒にいても心地よいと感じられるようになる**」必要があります。

この「心地よさ」というのは、実は「相手の文化を理解しているかどうか」によるのではありません。

何よりもまず、「あなたが自分と自分自身の文化、つまり日本の文化をほんとうに理解しているか」、そして、「外国人に、自分と日本の文化を知ってもらいたい、理解してもらいたいという意欲があるかどうか」によるのです。

㊙式・実践的英語上達法④
——相手を「ごまかす！」

実際、最近の来日外国人旅行者の急増ぶりは、世界中の人々が（日本に対する歴史的なわだかまりのある韓国や中国の人々でさえ）日本の文化をもっと知りたい、実際に体験してみたいと切望していることを物語っています。

つまり、この章での第一のルールは、前述したとおり、「**自分の文化に自信を持て！**」です。これができれば、ペラペラ山へ登る道のりを飛躍的に前進することができます。

さて次に、第二のルール。

これは、英語では二語、日本語では一語の短いルールですが、ショックを受けないでくださいね。

　　　Fake it！（ごまかせ！）

です。

まじめな物書きで、情熱的な教育者でもあると自負しているつもりの私が、大切な読者、生徒のみなさんに「『ごまかすように！』と勧めるなんて！」と驚かれたかもしれません。

でも、「ごまかす」ことと「不正」とは違います。

「ごまかす」というのは……、単に、まあ、えっと、ちょっとたとえるなら……、「人に見られたくないものを隠す」ということです。
　日本語だと、「うそも方便(ほうべん)」がしっくりきます。
　英語で言うと、「Circumstances may justify a white lie.」となります。直訳すると「状況によっては『白い嘘』ならかまわない」という意味です。「white lie(白い嘘)」とは、「白」がものごとの「善性」や「純粋」を意味することから、「正当な理由があってつくうそ」のことです。
　本書のなかでもこれまでに何度も繰り返し申し上げてきましたが、私は、東工大の英語のクラスの教え子たちに、これだけは絶対に言うなと教えてきました。

　　Excuse me, but I don't understand.　Would you please repeat that slowly?
　　（すみませんが、理解できませんので、もう一度、ゆっくり言ってくださいますか？）

　これを言ってしまうと、相手は確実に、「ああ、この人は、私の言っていることが理解できないレベルなんだな」と結論づけて、幼い子供を相手にするかのように話し出すか、言い訳を言って会話をやめて、さっさとどこかへ行ってしまうでしょう。こんな私でもそうするかもしれません。

　　「理解できない」ということを見せてはいけない。
　　「理解しているふり」をすればよい。
　　相手を「ごまかす」

　そうすれば、相手はあなたが自分の会話を理解できていないことに気づかずに、どんどん話し続けるでしょう。するとおもしろいことに、そのあとに続けられる会話によって、だんだん、相手が何を言っているかがわかってくるということが、ほんとうに頻繁に起こるのです。

そして、最初は何を言っているのかわからなかった単語でも、相手との会話の文脈のなかで聞いているうちに、意味を推測することができるようになってきます。

　私は、現在、自分の母語である英語以外に三つの外国語を話します。また程度の違いこそあれ、他にもいくつかの言語を理解することができます。でも、正直にいうと、前述と同じような状況に直面したことは数えきれないほどあります。

　ところが、それでも相手の顔を見て、注意深く聞いていると、自分で思うよりもずっと多くを理解できるようになることを何度も身をもって経験しました。こりゃ絶対にわからないと思っていたことが、なんとかわかってくるのです。

　どうかこのことを信じてください。そして、ご安心ください。

　英語を話している最中にわからない単語が出てきたときの秘訣は、「ごまかせ！」です。

パ式・実践的英語上達法⑤
──相手を「ごまかす！」の例

　たとえば、次の日本人（J）と、アメリカ人（A）の会話の例を見てください。

　　A：Good to see you.
　　　　（やあ！）
　　J：Good to see you too.
　　　　（やあ！）
　　A：Hey, what do you think of the election in the U.S.？
　　　　（ところでさ、アメリカの選挙についてどう思う？）

　さて、ここで、あなたはこの会話中、「election（エレクション：㊂選挙）」という単語の意味がわからなかったと仮定しましょう。困りましたね。

「今の単語(ここではelection)はどういう意味か?」とは絶対に聞いてはいけないといいました。

そんな聞き方をしても、ほんとうの英語は学べません。

もし相手のアメリカ人が日本語を知っていて、その場で「『選挙』って意味だよ」と教えてくれたとしても、しばらくしたら「election」という単語をほぼ確実に忘れてしまうでしょう。

会話の続きはこうすべきです。

  J：Election？
   （選挙？）
  A：Yeah, you know, the election that's coming up in November.
   （そうだよ。ほら、今度の11月の選挙のことさ。）

相手が続けたこの会話が、「election」という未知の単語の意味を知る「ヒント」になります。

あなたがアメリカの歴史をある程度知っていたとすれば、アメリカの大統領選挙が4年ごとの11月に行われるのがわかるはずです。

しかし、まだピンと来ないかもしれません。

そんなとき、いつも使えるきわめて有効なテクニックは、

その言葉を知っているようにごまかし、理解しているふりをして、同じ質問を相手に返してみる

でしたね。

  J：Well, **what do YOU think** of the election？
   （そういう**君こそ**、選挙について**どう考えているんだい**？）

実は、この文章のなかの「you」をわざと大文字にしてあります。これは「あなたこそ」という意味で、この部分のイントネーションをわざと強調してしゃべるという意味です(P170参照)。

A：Me？ Well, I think that Hillary Clinton is going to win, because ....
　（ぼく？　ぼくはヒラリー・クリントンが勝つと思うよ。だってさ…）

　会話がこう続けば、相手のアメリカ人が、「大統領選挙の話をしている」ということがわかりますね。会話を中断して、自分が知らない単語の意味をわざわざ聞くことなく、連続する文脈のなかでその単語の意味を推測することができるのです。
　最初は理解しているふりをせざるをえませんでしたが、今やこの「election」という英単語が「実体験」を伴って頭に刷り込まれるので、あなたはもうこの単語を忘れることはないでしょう。
　私が「ベンキョウ」という日本語に「値引きする」という意味もあるということを忘れないこと、そして「おかみさん」というのが「神様」ではなくて、宿の女性主人だということを（「妻」の意味もありますが）もう一生忘れないのと同じです。

　実際に英語をネイティブスピーカーと話すときには、相手に対して、「自分の英語のレベルは、実際よりもずっと上なのだ」という印象を与えることが大切です。そうすれば、相手は、自然に、普通に話してくれるからです。何度も言うように、それこそが、あなたの英語のレベルを決定的に上げるために、非常に大切なことなのです。
　まるで赤ちゃんが一口ずつスプーンで口に運んでもらって食事をするかのように、ネイティブスピーカーに一言ずつゆっくりと言ってもらって、**甘やかされて英語を学ぶのではなく、実際に話されている英語に触れ、慣れていく**ことで、あなたは教科書に書かれているようなものとはまったく違った、実際に日常的に使われている生きた英語を話せるようになるのです。
　最初はちょっとおじけづいてしまうかもしれません。
　知ったかぶりをするのはイヤだと思うかもしれません。

でも、これが「ペラペラ山」の頂上にたどり着くためのとても有効な秘訣の一つなのです。
　それがみなさんのゴールでしたね？
　仮に本当の自分より、もっと自信のあるふりをすることは少々気が引けるかもしれませんが、事あるごとに、ぜひこの方法を試してみてください。
　その方法はいくつもあります。
　たとえば、流暢な英語を話している自分のイメージを、常に想像してみることです。そうすることでより早く、より効率的に、実際にそんな自分そのものになれるでしょう。
　この方法は、ペラペラ山の最後の高原まで登るための、最後のステップでお教えしましょう。
　今のところは、新たに到着した高原に立って、英語が上手になりつつあること、「英語を話せる自分」を想像し、演じることを楽しんでください。
　これからは、もうあなた次第です。特に英語を話すことに「自信を持つ」ことは、完全にあなた次第です。
　もちろん、私は星を指さして「あれは星だ！」と言う方法は教えることができます。でも、その指先から星までの距離は、あなた自身が想像して、あなた自身で進んでいくしかありません。

相手の背景にある、文化や習慣の「マインドセット」を身につける

　いよいよ「ペラペラ山」の頂上までの登り方のコツ全体が見えてきました。そこまで登った自分を想像すると、眼下には、ペラペラ山全体の地勢がかなりはっきりと見えていることでしょう。
　外国語を話せる（つまり、「今までとはまったく違う方法で自分を表現できる」、そして「たくさんの国の人々とコミュニケーションがとれる」）という感動は、これまで見てきた世界のすべてをまったく

新しい光のなかで再発見するようなことぐらい感動的なことです。

実際、外国語を学んだことで、私の人生のほとんどすべてが変わりました。ですので、まったく同じように、みなさんの人生をも大きく変えることができると確信しています。

でもそのためには、宮沢賢治の「雨ニモマケズ」にある彼のアドバイスを心に留めて、すべてのものごとを「よく見聞き」しなくてはなりません。

実は、外国語を話せるようになるというだけでは十分ではありません。その先に、その言葉が話されている国の人々のものの感じ方、考え方を十分に理解する必要があります。

辞書(オンライン辞書も含めて)は、メールなどを書くときにちょっと意味を調べるのには大変役立ちますが、それだけに頼っていても、「さまざまに異なる現実的な状況(文脈)」が起きたときにはまったく通用しません。**真の知識を得るためには、自分の目で見ること、聞くこと、そして自分で経験することから学ぶしかないのです。**

私は、ほんとうの生きた日本語を学ぶ過程で、たくさんの失敗をしました。恥ずかしい失敗も、ここではとても言えないほど数えきれなくありました。

日本に来た直後の私の日本語は、もちろんまだ初歩の初歩レベルで、レストランでこんな恥ずかしい失敗をしました。

日本料理屋さんのカウンターで食事を終えた、私と板前さんのやり取りです。

私	「すみません。お勘定(かんじょう)をおねがいします」
板前さん(笑顔で)	「ああ、お帰りですか」
私(首を振って)	「いえ、まだ帰りません」
板前さん	「はい、わかりました」
私	「でも、お勘定をおねがいします!」
板前さん	「ああ、お帰りですね」
私	「いえ! まだ帰りません!」

なぜ私が、こんなばかげた会話をしたかおわかりでしょうか？
　それは、「帰る」という日本語の意味を、単に辞書で引いただけで覚えてしまっていたからです。
　私の英和辞典には「帰る」は「go home（家に帰る）」とありました。
　でもこの夜、私はまっすぐ家に帰る予定ではありませんでした。友人の家に寄って行こうと思っていたのです。
　このときの私は、まだ日本語の「帰る」という言葉が「たった今いるところから出て行く」という意味にも使われるのだということをまったく知らなかったのです。

㊙式・実践的英語上達法⑥
──英語で「自分のストーリー」を話せるようにしておく

　ペラペラ山登山の6つめのステップは、ペラペラ度合をアップするためのきわめて実践的な英語の使い方です。
　「言語学習に本当に役立つ本とは、言語能力のみに焦点を当てて書かれてる本ではない」ということはすでにお話ししました。
　外国語をマスターするためにはコツがいります。
　そのコツは、「話し方」を学ぶ方法と関係しています。
　ちょっと次の質問を自分にしてみてください。

　　What kinds of conversations am I likely to have in English?
　　（私は、どんな会話を英語でする可能性が高いだろうか？）

　これは「自分が外国に旅行するときの会話」と答えるかたが多いかもしれません。
　「〜へ行くにはどうすればいいですか？」「この電車は〜へ行きますか？」「これはいくらですか？」「今日は雨が降りますか？」というような会話です。

日本人の多くが、海外でこのような質問をしなければいけない場面に遭遇するでしょうから、もちろん、これらは重要な質問です。でも、こういう旅行用英会話だけを知りたいという人にとっては、私のこの本はほとんど役に立たないでしょう。

　最近は、外国語をかなり正確に訳してくれるスマホの自動翻訳アプリが出ています。そのうち、携帯電話のサービスによる同時通訳機能を使って、かなり正確に外国語で会話ができるようになるのもそんなに先の話ではないでしょう。そのときには、英語の非ネイティブスピーカー同士でも、国際的なビジネスのミーティングの場で同じように使われ、たがいに「自分の母語でも言いたいことが伝わる！」という満足感を得ることでしょう。

　20億人近い人々がなんらかの形で使っている英語をマスターしようとする理由は、自分自身の感情や考えを相手に伝え、相手の感情や考えを理解するためです。

　前に、「なにも英語をしゃべるときに別の人格になる必要はない」と言いましたが、そのためには、英語であっても当然、自分自身を見失わず、「自分自身のスタイル」で話すべきです。それこそが、世界の「リンガ・フランカ（共通語）」として必要な条件です。

　日本研究と日本文化の海外に向けた発信に生涯をささげてきたつもりの私にとっては、どんなにテクノロジーが進化したとしても、結局のところ、私が日本語で私自らを表現すること、そして相手の話をよく聞くことで日本人の感情の深いところを理解することを代わってやってくれるアプリなどできるはずがないのです。

　では、もう一度、こう自分自身に問いかけてみてください。

　　What kinds of things will I be talking about in English?
　　（私は、英語でどんなことを話すつもりなのか？）

　おそらく、まずは「あなた自身」についてのことを話すでしょう。どこで生まれて、どこの学校へ行って、今どんな仕事をしているのか、または将来どんな仕事をしたいのか、自分の夢はなにかなど

です。
　つまり、英語(外国語)を実践的にうまく話すために大切なコツの一つは、

　　　「自分自身のストーリー」を話せるようにしておく

ことです。
　必要であれば、それをまず紙に書いて、それを英語に翻訳してみてください。可能ならばネイティブスピーカーにチェックしてもらうといいでしょう。
　自分の経歴やバックグラウンドを自分で語ることで、人々との結びつきが生まれます。
　あなたが自分のストーリーを語れば、相手もそれに反応して、自分のことを語りはじめるに違いありません。話す相手のバックグラウンドを知ることは、相手が何を言っているのかを理解するためにもとても重要です。
　それにもう一つ、自分についてのストーリーをすらすらと流暢に話すことができれば、相手はあなたにはなかなかの英語力があるのだという強い印象を持ちます。
　これは例の「ごまかす」という戦略の一環です。
　相手がそういう印象を持てば、普通に自然な英語で話してくれます。
　それこそが何より生きた英語を経験することですから、相手の会話にくらいついていくことで、あなたの英語の能力は一気に伸びていくでしょう。そして、あなたはさらに流暢に英語を話せるようになるでしょう。
　そのことで相手はさらにレベルを上げてくるので、あなたの英語はさらに前進していくでしょう。
　これこそが、**ネイティブと非ネイティブの相互作用による、言語学習の好循環**というものなのです。

では、その次にはどんなことを英語で話してみたいでしょうか？

すべての人には「好き嫌い」があって、食べ物や芸術や政治の話ですら、必ずほとんどが最後には「好き嫌いの話」になります。

そこで次は、好き嫌いの微妙なニュアンスを表現するさまざまな方法を身につけておくことです。

安易に「like」と「hate」を使うのではなく、好みについての繊細な表現をマスターしておいてください。そうすることで、あなたの微妙な感情のニュアンスを表現するために、その都度、自然に口をついて出てくるようにしておくことです。

たとえば、

 I like xx.（xxが好きです。）

の代わりに、

 I have a liking for xx.（xxを好みます。）

というような表現を覚えて使ってみてください。あるいは、

 I tend to like xx.（xxが好きですけど……。）

でもいいでしょう。

もし、料理の好みを聞かれ、魚が好きだとしたら、上の二つの言い方はこういうふうに使います。

 I have a liking for fish.　（魚が好みです。）
 I tend to like fish.　（[やっぱり] 魚が好きですが……。）

他にもさまざまな「好き」の表現があります。

 I prefer fish.　　　　　　　　（魚のほうが好きです。）
 I have a preference for fish.（どちらかと言うと、魚が好きです。）
 I fancy fish.　　　　　　　　（魚のほうが魅力的ですね。）
 I am fond of fish.　　　　　　（魚がとても好きです。）

I am partial to fish.　　（私は魚です。）
　　（注：もちろんこれは、I am a fish.といっているのではなく、
　　「私は、魚を好んで食べます」という意味です）

　これらの単語は、何かを「好き」だという事実を表現していますが、次のように、もちろん否定的に使うこともできますね。

　　I don't actually have a preference.（特に好みはありません。）
　　I don't really fancy warm beer.（ぬるいビールは苦手です。）
　　I'm not particularly fond of fermented soybeans myself.
　　（私は、納豆は特に好きではありません。）
　　I actually dislike it when people smoke in front of me.
　　（正直言って私は、目の前でたばこを吸われるのが嫌いです。）

㋺式・実践的英語上達法⑦
──興味のあることに関する語彙を増やしておく

　前述したポイントは、ネイティブと英語を話す前に、「まずは、あなた自身のストーリーを英語でしっかり話せるように準備しておく」ことでした。その次は、「好き嫌い」を表現する多くの言葉を身につけること。

　では今度は、「あなたが一番興味を持っているものごと」についてよく考えてみてください。

　スポーツ、音楽、映画、旅行、グルメ、恋愛、ファッション、国際ビジネス、コンピュータゲーム……など、なんでもいいのです。

　あなた自身が興味を持っている分野について書かれているものを読んだり、関連する動画を観たりして、その分野での語彙量を増やすのです。

　最近はネット上にありとあらゆるビジュアル素材があるので、私が外国語を勉強したころに比べれば、「ヨクミキキシ（よく見聞きし）」がずいぶん簡単になったはずです。

㋩式・実践的英語上達法⑧
——相手の質問をわざと繰り返す

　これまで何度も言ってきたことですが、まとめの意味でもう一度繰り返します。
　ネイティブスピーカーがあなたに何か質問をしてきたら、「オウム返し」のように、同じ質問を相手に繰り返すよう心がけてください。
　それによって、「ペラペラ山」の頂上を目指すステップアップが確実になります。
　たとえば、相手の質問から始まる次のような会話です。

　　　How long have you been in Ontario？
　　　（オンタリオにはもうどれくらいいるの？）
　　　How long have I been here？
　　　（ここにどれくらいいるかって？）
　　　Yes.
　　　（ああ。）
　　　I've been here six months.
　　　（ここにはもう６カ月いるよ。）

　このようなやり取りを「繰り返し繰り返し」やることで、あなたの英語力は確実に何段もステップアップします（事実、私が日本語を含む外国語を習得するときも、しょっちゅうこの方法を使いました）。
　ところが、多くの日本人の場合は、たいてい次のような会話になってしまうのです。

　　　How long have you been in Ontario？
　　　（オンタリオにはどれくらいいるの？）
　　　Six months.
　　　（６カ月。）

I see. Are you living in a rented house?
　（へぇ。家を借りて住んでるの？）
No. An apartment.
　（いや。アパート。）
Are you fond of life in our city?
　（この町での暮らしが好きになった？）
Yes.
　（うん。）

　日本人は長ったらしい説明を避ける傾向にあるので、このような会話は、日本語では普通にみられるコミュニケーションでしょうが、実は、英語のネイティブスピーカーにとってはあまり気分のいいものではありません。

　英語で会話をする。特に英語をマスターしようとする。そしてそのために欠かせない「英語のマインドセット」を身につけるのであれば、「日本人のマインドセット」で会話するときのように、相手の質問に単に一言、二言の単語だけで答えるのではなく、まず相手の質問を繰り返し、完全な文章のかたちで答えることをアドバイスします。

　上の例のような日本人流の答え方は、英語では「curt（カート：㊒ぶっきらぼうな、そっけない）」と思われます。

　日本では、一般的に言葉数が少ないのは「美徳」である場合もあって、悪いことではないとされますが、英語の場合、この「curt」の意味のように、言葉数が少なすぎるのは、逆に「無礼な態度」と受け取られかねないのです。

How long have you been in Ontario?
　（オンタリオにはもうどれくらいいるの？）
How long have I been here?　I've been here for six months now.

225

（ここにどれくらいいるかって？　もう6カ月になるよ。）
Are you living in a rented house？
（家を借りて住んでるの？）
A rented house？　Oh, that would be nice.　No.　I'm living in a small apartment.
（家を借りているのかって？　そうだったらいいだろうな。いや、小さいアパートに住んでいるんだよ。）
Are you fond of life in our city？
（この町での暮らしが好きになった？）
Yes, I am very fond of life here.　It's great.
（うん。ここでの暮らしがとても好きになったよ。素晴らしいさ！）

このように、「英語のマインドセット」に基づきながら、ちゃんとした文章で回答すると、ネイティブの会話の相手はある種の軽快なリズム感も感じ取って、会話が楽しい気持ちになることでしょう。

とにかく、言語学習の大原則は、

If you don't use it, you lose it.（使わないと、忘れる！）

です(このフレーズは韻を踏んでいて、覚えやすい便利なフレーズです)。

知っている単語を「意識的に」どんどん使う。
ネイティブスピーカーが言ったことを真似て繰り返す。

なぜなら、みなさんは意識的に感じたことはないでしょうが、実は、

ネイティブスピーカーの言うことは、文法的にはいつも正解である

からです。そして、

質問をされたら、完全な文章の形で回答して、本物の「会話」をする

会話は、一問一答の口頭アンケートに答えているのとは違うのですから。

私は一度、東工大で教えていた当時の教え子にシドニーで偶然に会ったことがあります。
なんと、知らないあいだにオーストラリアに住んでいたとは！
私が教えていた当時は英語の成績はそれほどでもなかったのに、そのときの彼は驚くほど流暢な英語を話していました。
私は、彼に会えて、本当にうれしくなりました。
その彼が「パルバース先生。先生が教えてくださったことで、ぼくにとって一番役に立ったのは『ネイティブスピーカーの言ったことを繰り返せ』でしたよ！」と言ってくれました。
そこで、私が「君はネイティブスピーカーの言ったことを、いつも繰り返しているのかい？」と聞くと、「そうです。ぼくはいつもネイティブスピーカーが言うことを繰り返してます」と、私の質問をまた繰り返してみせたので、二人で笑って握手をして別れました。

というわけで、私ももう一度繰り返しますが、「**ネイティブスピーカーにされた質問を繰り返す！**」、そして「**完全な文章の形で返答する！**」を忘れないでください。

㊇式・実践的英語上達法⑨
──ある単語が相手に通じなかったら別の同義語を使う

もう言うまでもないことでしょうが、まず「英語の『音』と日本語の『音』はまったく違う」ということを常に意識する必要があります。

たとえば、英語を学ぶ、というよりほぼすべての日本人が、英語の「r」と「l」や、「f」と「h」の音は日本語にはない音なので、発音がすごく難しいことを知っているはずです。しかし、この音の違いは、これ以外にも、英語の多くの「音」に当てはまります。
　でも、もちろん、それはおたがいさまです。
　私たち英語のネイティブスピーカーにとっては、日本語の「r」や「f」の音を発音するのがとても難しいからです。
　実は私は、「料理旅館」や「府立」や「ファミリー」の発音がかなり苦手です。発音が一番難しい日本語はなにかと聞かれたら、だいたい「キャンプファイヤー・ガールズ」だと答えることにしています。どうしても、日本語の「キャ」と「ファ」の発音がうまくできないのです。
　私は、教え子である東工大の学生たちに次のようにアドバイスしてきました。
「発音は気にしなくていいから、とにかく話の内容を理解してもらえるかどうかを心配し、どんな方法でもいいから努力しなさい」
　これは本当のことです。
　英語のネイティブスピーカーは、あなたが何を言おうとしているのかを理解できさえすれば、どんなアクセントでも気にしません。それは、さまざまなアクセントを持つ世界中の人の英語を聞き慣れているからです。
　もちろん、相手が理解できないほど、発音が極端に間違っていれば問題になります。でも前にも書きましたが、英語は世界で唯一、ネイティブスピーカーの数よりも非ネイティブスピーカーの数のほうが多い言語です。さらにネイティブスピーカーでも、みなそれぞれの国や地域や民族のアクセントで話しているのです。
　ペラペラ山登山を強力に後押しする、次の状況を考えてみてください。
　英語で話していたあなたは、「あることのためにものすごく怒っている」ということを相手に伝えようとして、「mad(発音記号は

mæd)」という形容詞を使ったつもりでした。でも残念ながら発音が悪かった。

　英語では、「母音」の発音の間違いは、子音の発音の間違いよりも、相手に誤解を与える可能性が高いのです。なぜなら英語は、母音の「音」がおたがいに非常に似ていて、微妙な違いがあるからです。

　そのために、自分では「mad」と言ったつもりが、相手には「mud（発音記号はmʌd)」に聞こえてしまいました。「mud」は「泥」という意味なので、これでは相手に話の内容が通じないのも無理はないかもしれませんね。

　でも、心配することはありません！

　自分の言葉が理解されなかったということは、相手の表情を見てすぐわかるでしょう。あるいは、相手も「Sorry, I don't follow.（すみませんが、何のことかわかりません。）」と言うかもしれません。

　特に日本人のような非ネイティブスピーカーは、相手に理解してもらえなかったとき、もう一度同じことを言うという間違った行動をしがちです。でも、一度目にできなかった発音が、二回目で急によくなる理由などまずありません。

　ここでこそ、英語の膨大な「語彙」の出番です。

**　　英語のほとんどすべてのものごとには、
　　同じ意味を表す二つ以上の言い方がある**

という話をしたのを思い出してください！
「mad」の最も一般的な同義語は、angry（アングリー：形怒る）と、（日本人には馴染みがないかもしれませんが）cross（クロス：形怒る）です。

　もし「mad」と言おうとしたのに、相手には「mud」と聞き取られて理解されなかったなら、同じ単語を繰り返すのではなく、別の言葉を使うのです。そうすれば、相手は「あぁ、madだったのね」と言うでしょう。そして、その正しい発音をよく聞いていたあなた

は、「Yes, mad, very mad.」と真似して話をし直すことができるはずです。

このように、発音を間違えるということは、実は正しい発音を覚える初めの一歩なのです。山登りにたとえるならば、少し後退してでも、大きな岩を避けることで、これまでのペースよりも速く登れるということです。

失敗を自分のために役立ててください。失敗とは、一歩前進することと同じなのです。

㊇式・実践的英語上達法⑩
——ネイティブが使うジェスチャーや身体言語を真似する

しかし、ネイティブスピーカーの言う単語を繰り返すだけでは、実はまだ十分ではありません。

　　　　「ネイティブの手のジェスチャーや身体言語」を真似する

ことです。自分でも同じように使ってみる練習をすることです。

これは、自分の言いたいことを相手に伝える方法として、日本人のみなさんには信じられないくらい役に立ちます。

前にも書きましたが、私たちが「言う」ことの半分くらいは「非言語コミュニケーション」で伝わっているからです。

もし第三者から見て、みなさんが、ある言語のネイティブスピーカーのように「聞こえる」だけでなくて「見える」としたら、その言語でのコミュニケーションがずっとうまくなります。

もう一度いいますが、なにもあなたの人格や性格を変える必要はまったくありません。「英語が流暢な人間」という新しい「役柄」を演じているというだけのことです。

あなたはあなたのままです。

ただ「新しい衣装を着て、いつもと違うステージに立ってみる」ということだけです。

英語は、ほんとうに学ぶのが難しい言語です。
　常用語彙はとんでもなく多い。文法は不規則。発音は複雑なうえに変化までする。スペルにいたってはもう完全に「不条理！」です。
　それでも、英語の「ペラペラ山」に登頂することは、だれにでも可能なのです。
　それは、世界で何億人もの非ネイティブスピーカーが日々の暮らしのなかで効果的に雄弁に英語を使っているという事実が証明しています。
　下に整理したⒶ方式の5つのステップをしっかりたどっていけば、この何億人もいる英語が流暢な非ネイティブスピーカーの輪に日本人が入れない理由など何一つありません。

① まず「音！」、次に「意味」を「イメージ」とリンクさせて覚える
② 「1-3-5方式」で、できるだけ15,000語まで語彙を増やす
③ 自分と自分の文化に自信を持つ
④ ネイティブのやる「非言語コミュニケーション」に慣れ、自分でも真似して使う
⑤ 「英語が流暢な役」を演じる。そうなれば、いつかは実際にそうなれる

　人はみな心のなかに、ある「パラダイス（理想郷）」のイメージを持っています。
　たとえば、キリスト教徒は、もこもこした白い雲が広がり、まばゆい光が降り注いで、柔らかな翼を持った天使がすーっと飛んでいる空にある場所を想像するでしょう。仏教徒は、お釈迦さまが蓮池のほとりにたたずみ、静穏が無限に広がる場所を想像するでしょう。
　しかし、私にとっての「パラダイス」は、「みんながたがいに話をし、たがいの感じていることや考えていることを理解しあえる場所」です。
　このパラダイスでは、翼も蓮の花もいりません。私たちの最も内

なる自己を表現し、相手の最も内なる自己を探し出すための言葉とジェスチャーがあればいいのです。

　現在の世界には、私たち人類を全滅させる手段が存在しています。これまでの人類の歴史にはなかった事態です。
　だからこそ、意味のない音をうなったり叫んだり、こぶしを振り上げて相手を威嚇(いかく)したり、たがいに武器を手にするのではなく、たがいに話をする必要があるのです。
　理解を示す言葉と平和的なジェスチャーだけが、人類にとっての救いです。それだけが、人類が潜在的な地獄から自らを救いだし、パラダイスへ導くために本当に必要なものなのです。
　だからこそ、私たちは外国語(英語に限らず、他の言語でも)をマスターしなくてはいけないのだと思います。
　昔は、通商のために外国語をマスターする必要がありました。
　海外旅行が当たり前になった今や、外国語をマスターすることは、人々の移動に必要なものになりました。
　今、外国語をマスターすることこそ、私たち人類のサバイバルのために必要なのです。

あとがき

"If you talk to a man in a language he understands, that goes to his head. If you talk to him in his own language, that goes to his heart."
—Nelson Mandela

相手にわかる外国語で話すと、その言葉の意味はその人の頭の中に入る。
相手の母語で話すと、その言葉の意味はその人の心へ入る。
—ネルソン・マンデラ

英語をマスターすることへの個人的な疑問

　世界には約6,500の言語があり、一カ月当たり三つぐらいの言語が永遠にその話者を失っているといわれていますが、一方で、世界中のすべての国で英語を話す人が増え続けている現在、地球上のほとんどすべての人が英語を話す日が実際に来るように思えてきます。実際、「英語以外のすべての言語は消滅する」と主張する著名な言語学者が何人もいます。
　もしそれが本当だとしたら、みなさんも、みなさんの子や孫の世代も急いで「英語山」の頂上に登っておいたほうがいいでしょう。なぜなら、彼らの予想から推測すれば、この山だけが、言語の山岳地帯に唯一残っている山になるかもしれないわけですから。
　でも、私は、その予想は明らかに間違いだと思っています。正直なところ、世界で英語を話す人の数は、この先、減ってい

くのではないかと思っています。

英語が世界で圧倒的に強い言語だからというのは、みなさんがそれを学ぶべき理由にはなりません。なぜなら携帯電話は素晴らしい翻訳機になりつつあって、そう遠くない将来、みなさんが日本語で携帯電話に話しかければ、即座に、正確に、英語または数多くの言語に翻訳してくれるようになるでしょうから。

本当は、英語のネイティブスピーカーが外国語をマスターすることのほうがよっぽど大切です。そうでなければ、英語のネイティブスピーカーは世界中の人々の心のなかがどうなっているのかをまったく理解できなくなります。

他の人とのつながりを保ち、自分の考えや夢を語り、自分とはまったく違う文化を持つ人々の考えや夢をありがたく感じること、これこそが私たちが外国語を学ぶ第一の動機なのです。

世界が他国の文化を必要とする今こそ、外国語学習は最も重要だ

20世紀に入って、世界の帝国が姿を消してゆきました。1453年の成立以来栄華を極めたオスマン帝国は、第一次世界大戦時に滅亡し、オーストリア＝ハンガリー帝国も世界の歴史から姿を消してゆきました。

イギリス帝国はその植民地の独立により、20世紀半ばまでには消滅し、フランス帝国も同じ道をたどりました。20世紀の終わりまでには、ソビエト帝国も過去のものとなり、軍事力、経済力を背景に影響力を発揮してきたアメリカ帝国は弱体化しつつあり、次の数十年でアメリカ帝国がさらに衰退していくことは間違いないでしょう。

言語の分野においてこれが何を意味するかと言うと、これらの帝国の言語は確実にその影響力を弱め、それぞれの国の現地語が、政治的にも経済的にも文化的にも再びその重要性を増す

ということです。
　いつの時代にも、世界には多種多様な文化が存在し続けます。世界がそれぞれの文化が持つアイディアや価値を必要としているからです。ですから、いつの時代にも世界には多くの重要な言語が存在し続けるのです。
　今の時代が「国際化の時代」と呼ばれていることと矛盾するように聞こえるかもしれませんが、外国語学習は、これまでで最も重要な段階に入ろうとしているのです。これからは外国語を知っている人が、完全に有利になってくるのです。
　しかし、英語は、これからも世界の主要言語であり続けるでしょう。それどころか、今までどおり、世界で一番多くの人に第二言語として使われる言語であり続けるでしょう。しかし、何百万人もの人が使っているその他の言語についても、この先、衰退することも、その重要性が低下することもないと言えるでしょう。
　それよりも、世界中のあちこちで進化が起こり、自分たちが持ち合わせていない文化的価値がその進化の必須要素になっていると悟ったとき、アメリカ人やイギリス人が外国語を学ぶことがより重要になってくるのです。
　そしてこのときこそが、日本が21世紀に与えられた役割を果たすときです。
　日本の文化は、世界にとって不可欠な普遍的価値を有しています。
　たとえば、自然に対する感謝や、人は自然との調和の中で生きていくものだという絶対的な信念、人々の暮らしをよりよくするために素材を創造的に使う能力、日本の都市を世界で最も安全な場所にしている日本社会の礼節、これらは、日本が世界にできる「贈り物」のほんの一例です。

言語こそが、相手をロジカルに理解するための人類最大の能力

　私は、絶対に、多くの日本人の若者が流暢な英語を話すようになってほしいのです。

　英語が話せれば、彼らは海外へ行って、世界中の人々に日本語や日本文化を教えることができるでしょう。これ以外に、理由がなんであれ、ぜひ英語をマスターしてください。

　そのためにも、日本の若者が自分の文化にプライドを持つことが大切になってくるのです。このプライドというのは、攻撃的な態度や、でっち上げた過去の栄光に頼るなどということの一切ない「よいプライド」です。

　日本の価値観が世界でよりよく理解され、共有されるために、この「よいプライド」が英語を学ぶための促進剤になるでしょう。

　日本に半世紀近く暮らしてきて、世界中の人々に日本の文化を理解して、真価を認めてもらいたいと思っている私が真に望むことは、「みなさんの将来と英語の将来が、つながっていてくれる」ことです。

　つまり、みなさんにもこの英語という言語の素晴らしい進化の一翼を担っていただきたいのです。そして、世界中の人々とコミュニケーションを取ることで、どんな方法でも、大きくても小さくてもかまわないので、あなたのできる範囲で、あなたの生きた証を、世界の人々のなかに残してほしいと心から願っています。

　次の世紀に、人類がよくも悪くも、どれほど「進化」しようとも、言語とそれを使って他の人々と自由かつオープンにコミュニケーションする私たちの能力こそが、私たちの人間性を守ってくれるのです。

今世紀にどのような科学的進歩が起ころうとも、私たち人間はたがいにうまくやっていくしかないのだということを、人類は決して忘れてはいけません。私たちはたがいに正直に、平等に話をし、たがいの話を興味と思いやりを持って聞かなくてはなりません。

　それが、私が1964年に初めて自分の生まれた国を飛び出して旅をしたときに学んだことです。当時のロシア人は、まさに私たちアメリカ人の「宿敵」でした。私たちは、ロシア人たちはアメリカを打倒することで頭が一杯なのだと思っていました。そして、多くのアメリカ人がロシアをぶっつぶしてやりたいと思っていたことは間違いありません。

　しかし、暴力はなんの答えにもなりません。私たち人類は、地球上で唯一、相手とロジカルに分別を持って話すことができる生物なのです。

　そして、同時に、人類は地球上で唯一、自分たちを絶滅させることのできる生物でもあるのです。相手を傷つければ、自分も傷つきます。相手の破滅は自らの破滅につながるのです。

　ペラペラ山の頂上から地上を見下ろした景色は、あなたの想像以上に、このうえなく美しいものです。

　空は澄み渡り、空気はキラキラと輝いています。

　みなさんも、この美しき世界の景色を、自分自身の目で見るために、今こそ、この高い山に登り始めてください。

写真版権・帰属一覧

- P.22 イギリスのイングランド地方最大の城、ドーバー城
  ──ウィキコモンズ
- P.24 イギリスの北東部にあるリンディスファーン島の修道院
  ──ウィキコモンズ
- P.25 イギリスのケント州に位置するシェピー島
  ──ウィキコモンズ
- P.26 ヘースティングズの戦いを描いたタペストリー
  ──ウィキコモンズ

本書は書き下ろし作品です。

著者略歴

ロジャー・パルバース
(Roger Pulvers)

1944年アメリカ生まれ。
作家/劇作家/演出家/元東京工業大学文明センター長。
ハーハード大学大学院ロシア地域研究所で修士号を取得。その後、ワルシャワ大学とパリ大学への留学を経て、1967年、初めて日本の地を踏む。以来、ほぼ半世紀を日本で過ごす。その間、精力的に日本各地を旅し、そこに住む人々や文化、風土、言語の特異性に直に触れるいっぽう、様々な文化人と深く親密な交流を結び、世界にまれな日本と日本人のすぐれた特質と独自性に驚嘆。大島渚監督作品『戦場のメリークリスマス』の助監督などを経て、執筆活動を開始。著書に、『英語で読み解く賢治の世界』(岩波書店)、『新バイブル・ストーリーズ』(集英社)、『もし、日本という国がなかったら』『驚くべき日本語』(ともに集英社インターナショナル)、『ハーフ』(書肆パンセ)、『星砂物語』(講談社)など多数。日本での劇作家としての仕事は、小泉堯史(たかし)監督作品『明日への遺言』(2009年テヘラン国際映画祭・脚本賞受賞)など。深く敬愛してやまない宮沢賢治の作品の英語翻訳にも数多く携わる。その功績から、2008年、第18回宮沢賢治賞、2013年、第19回野間文芸翻訳賞を受賞。

訳者略歴

小川 綾(おがわ・あや)
1972年奈良県生まれ。ミネソタ州立大学卒業。外資系PR会社勤務後、2003年よりフリーランス翻訳者に。米国カリフォルニア州在住。

10年間勉強しても英語が上達しない
日本人のための
新英語学習法

2015年3月31日　第1刷発行

著　者　ロジャー・パルバース
訳　者　小川 綾

発行者　館 孝太郎

装　丁　刈谷紀子(P-2hands)
デザイン　高木巳寛(P-2hands)
イラスト　石川美和

発行所　株式会社集英社インターナショナル
　　　　〒101-8050　東京都千代田区一ツ橋2-5-10
　　　　電話　出版部　03-5211-2632
発売所　株式会社集英社
　　　　〒101-8050　東京都千代田区一ツ橋2-5-10
　　　　電話　読者係　03-3230-6080
　　　　　　　販売部　03-3230-6393(書店専用)

印刷所　大日本印刷株式会社

製本所　株式会社ブックアート

定価はカバーに表示してあります。
本書の一部あるいは全部を無断で複写・複製することは、
法律で認められた場合を除き、著作物の侵害となります。
造本には十分注意をしておりますが、
乱丁落丁(本のページ順序の間違いや抜け落ち)の場合は
お取り替えいたします。
購入された書店名を明記して集英社読者係宛にお送りください。
送料は小社負担でお取り替えいたします。
ただし、古書店で購入したものについてはお取り替えできません。
また、業者など、読者本人以外による本書のデジタル化は、
いかなる場合でも一切認められませんのでご注意ください。

©2015 Roger Pulvers Printed in Japan
ISBN978-4-7976-7292-3 C0082

Books by Roger Pulvers

もし、日本という国が
なかったら

ロジャー・パルバース・著　坂野由紀子・訳

半世紀にわたる日本滞在と個人的な体験。そこから育んだ日本と日本人への限りない愛情と理解。「世界でたったひとつの花」、日本人さえ知らない「世界にも希有な国」日本とは……。

四六判　本体1,700円
ISBN978-4-7976-7221-3

Books by Roger Pulvers

賢治から、あなたへ
世界のすべてはつながっている

ロジャー・パルバース・著　森本奈理・訳

世界的天才、宮沢賢治が紡ぎ出した「雨ニモマケズ」「マグノリアの木」「フランドン農学校の豚」など、18篇を収録。珠玉の作品にこめられた、21世紀のわたしたちへのメッセージを新たに読み解いた、画期的作品！

四六判　本体1,700円
ISBN978-4-7976-7241-1

Books by Roger Pulvers

【知のトレッキング叢書】
驚くべき日本語
ロジャー・パルバース・著　早川敦子・訳

英・露・ポーランド・日本語。異なる文化的背景から生まれた4カ国語をマスターした外国人作家が、比較言語論や自らの体験をもとに、世界に誇る日本語独自の魅力と「世界共通語」としての可能性を説いた話題の書！

四六判　本体1,000円
ISBN978-4-7976-7265-7